W0191457

KÖLNER PERSÖNLICHKEITEN

Stefan Keller

66 **Lieblingsplätze** und
11 Veedelshistörchen

KÖLNER
PERSÖNLICHKEITEN

Stefan Keller

Besuchen Sie uns im Internet:
www.gmeiner-verlag.de

© 2012 – Gmeiner-Verlag GmbH
Im Ehnried 5, 88605 Meßkirch
Telefon 075 75/2095-0
info@gmeiner-verlag.de
Alle Rechte vorbehalten
1. Auflage 2012

Lektorat / Redaktion: René Stein / Claudia Reinert
Umschlaggestaltung: Matthias Schatz
unter Verwendung eines Fotos von: © Dreadlock - Fotolia.com
Satz und Kartenbearbeitung: Christoph Neubert
Kommunale Geodaten: Stadt Köln, Amt für Liegenschaften,
Vermessung und Kataster, KT 040/2012.
Druck: AZ Druck und Datentechnik GmbH, Kempten
Printed in Germany
ISBN 978-3-8392-1281-3

| DIE ALTSTADT

| AM RHEINUFER

›Niemals geht man so ganz‹, singt die Kölner Sängerin und Schauspielerin Trude Herr in einem ihrer schönsten und erfolgreichsten Lieder, ›irgendwas von dir bleibt hier‹. Aber was bleibt? Um das herauszufinden, macht sich dieses Buch auf die Suche nach den Spuren von 66 Kölnerinnen und Kölner, die in den vergangenen 2000 Jahren in dieser Stadt gelebt haben.

NIEMALS GEHT MAN SO GANZ ...

Unsere Suche beginnt bei der Stadtgründerin, der römischen Kaiserin Agrippina, führt uns weiter zum ersten Dombaumeister Gerhard von Ryle, der angesehenen Patrizierfamilie der Overstolzen bis hin zu jüngeren Zeitgenossen wie dem Sänger Willi Ostermann oder auch dem legendären Boxer Peter Müller, genannt ›de Aap‹ (der Affe). Erzbischöfe begegnen uns hier ebenso wie kölsche Originale oder kleine und große Kriminelle.

In acht Spaziergängen führt das Buch Sie an Orte, die mit diesen Kölnern in Verbindung stehen. Sei es, weil sie dort geboren wurden oder gelebt haben, sei es, weil die Orte an diese Persönlichkeiten erinnern oder auf andere Weise einen Berührungspunkt zu ihnen bilden. Rund um Dom und Rathaus führen die ersten Streifzüge mitten in die Geschichte der Stadt hinein, beginnend bei den Römern. Über die Zeit der Franken und das Mittelalter kommen wir schließlich im Heute an. Die weiteren Spaziergänge folgen der Struktur der Stadt, z. B. in der Neustadt und im Grüngürtel oder die Severinstraße hinab.

ERZBISCHÖFE UND KÖLSCHE ORIGINALE

Der Begriff der Lieblingsplätze ist weit gefasst. Das eingestürzte Stadtarchiv ist sicherlich niemandes Lieblingsplatz. Aber es erinnert uns an den Ratsherrn Hermann Weinsberg, der unweit des Archivs am Blaubach gewohnt hat, und dessen Aufzeichnungen uns einen erstaunlichen Einblick in das kölsche Leben des 16. Jahrhunderts vermitteln. Aufzeichnungen, die im historischen Archiv bewahrt wurden und nach dem Einsturz ihrer Restaurierung harren. Auf der anderen Seite hat ein Willy Millowitsch sein Theater mit Sicherheit geliebt und Michael von Aitzing, der Erfinder der Zeitung, hätte das moderne Zeitungshaus des Verlags Neven DuMont an der Amsterdamer Straße sicher mit Begeisterung gesehen.

KAISERINNEN UND SCHMUGGLERINNEN

2000 Jahre Stadtgeschichte wird in diesen Porträts lebendig, in der Altstadt sind Sie eingeladen, den Spuren der Römer zu folgen, in die Welt des Mittelalters einzutauchen und zu erleben, wie sich die Stadt seit der Franzosenzeit bis heute entwickelt hat. Am trubeligen Eigelstein und entlang der lebendigen Severinstraße begegnen uns die Spuren des legendären Feldherrn Jan von Werth ebenso wie die des Serienmörders Peter Kürten. Unter Krahnenbäumen bedauern wir mit dem Fotografen Chargesheimer den Verlust kölschen Lebensgefühls, um an der nahen Eigelsteintorburg diesem ›Jeföhl‹ quicklebendig wiederzubegegnen.

Wie jede Stadt verändert sich auch Köln, aber ›irgendwas bleibt eben hier‹. Die Stadt wächst und so wandern wir durch die in den letzten Jahrzehnten des 19. Jahrhunderts nach Plänen des Baumeisters Joseph Stübben entstandene Neustadt, begegnen der Frau, die die

VEEDEL, KÖLSCH UND WALE

Meisterschale der Fußball-Bundesliga schuf, und wandern (vielleicht mit dem Fahrrad) ein weiteres Mal im Halbkreis um die Stadt herum, um rund um die Kölner Grünanlagen im Westen die Viertel und ihre Menschen zu besuchen – die allerersten Kölner überhaupt, den Kaffeeröster Schamong oder die Kirchenbauerfamilie Böhm, die gerade eine Moschee errichtet.

Drei weitere Spaziergänge führen uns von Ost nach West und Nord nach Süd quer durch die Stadt. Auf die ›Schäl Sick‹, der wir das Kölsch, ausladende Schnitzel und die Sozialdemokratie zu verdanken haben. Entlang der Schildergasse und ein Stück weit über sie hinaus. Heute ist die Schildergasse vor allem eine der meistbesuchten Einkaufsmeilen Deutschlands, aber die 2000 Jahre alte Hauptstraße des römischen Kölns erzählt uns viel über die Geschichte unserer Stadt, über den Karneval ebenso wie über die Judenverfolgung. Und natürlich darf auch eine Tour entlang des Rheins nicht fehlen.

Die Menschen, die hier leben, so heißt es, machen Köln aus. Aber der Kölner ist nicht nur Kölner. Sein Leben definiert sich in weiten Teilen über das ›Veedel‹, in dem er wohnt. Er ist stolz darauf, ›eine echte Kölsche‹ zu sein, vergisst aber nie, dass er eben auch Sülzer oder Ehrenfelder ist.

So ergänzen 11 Veedelshistörchen die Porträts berühmter und nicht so berühmter Kölner, laden ein, die Orte, die der Kölner als seine Heimat betrachtet, näher kennenzulernen und zu entdecken, ›was bleibt‹.

Köln Innenstadt

Die Ringe → S. 175

Zentralmoschee → S. 151

Klingelpützpark → S. 81

Historisches Archiv → S. 91

Sankt Gereon → S. 25

Stadtmuseum → S. 29

Römerturm → S. 23

Galerie Boisserée → S. 61

4711-Haus → S. 57

Offenbachplatz → S. 59

Hahnentor → S. 115

Antoniterkirche → S. 10

Millowitsch Theater → S. 117

Brücke → S. 113

Neumarkt → S. 109

Kunststation Sankt Peter → S. 47

Griechenmarktviertel → S. 111

Hiroshima-
Nagasaki-
Park

Sankt Pantaleon → S. 49

Kwartier Lateng → S. 179

Melaten-Friedhof → S. 161

Volksgärten → S. 181

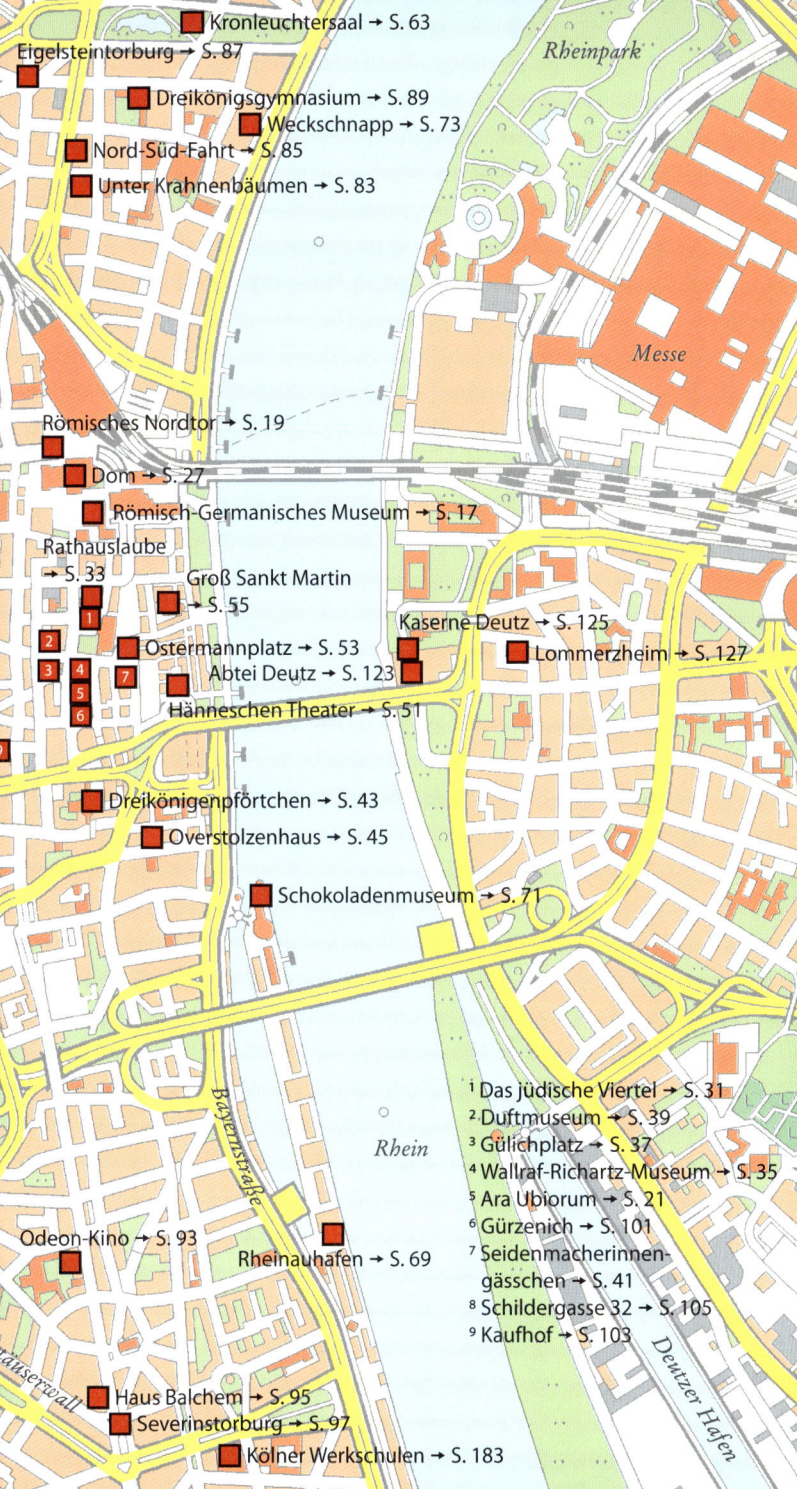

Kronleuchtersaal → S. 63

Eigelsteintorburg → S. 87

Dreikönigsgymnasium → S. 89

Weckschnapp → S. 73

Nord-Süd-Fahrt → S. 85

Unter Krahnenbäumen → S. 83

Römisches Nordtor → S. 19

Dom → S. 27

Römisch-Germanisches Museum → S. 17

Rathauslaube
→ S. 33

Groß Sankt Martin
→ S. 55

Kaserne Deutz → S. 125

Ostermannplatz → S. 53

Lommerzheim → S. 127

Abtei Deutz → S. 123

Hänneschen Theater → S. 51

Dreikönigenpförtchen → S. 43

Overstolzenhaus → S. 45

Schokoladenmuseum → S. 71

Odeon-Kino → S. 93

Rheinauhafen → S. 69

[1] Das jüdische Viertel → S. 31

[2] Duftmuseum → S. 39

[3] Gülichplatz → S. 37

[4] Wallraf-Richartz-Museum → S. 35

[5] Ara Ubiorum → S. 21

[6] Gürzenich → S. 101

[7] Seidenmacherinnen-
gässchen → S. 41

[8] Schildergasse 32 → S. 105

[9] Kaufhof → S. 103

Haus Balchem → S. 95

Severinstorburg → S. 97

Kölner Werkschulen → S. 183

Köln

Chorweiler

Langel → S. 77

Butzweilerhof → S. 155

Neven DuMont Haus → S. 147

Mülheimer Brücke → S.

Sankt Engelbert → S. 145

Zoo → S. 143

Kölner Eis- und Schwimmstadion Lentpark → S. 141

Schamong → S. 153

Agnesviertel → S. 177

Ehrenfeld → S. 149

Zentralmoschee → S. 151

Weiden → S. 159

Melaten-Friedhof → S. 161

Radstadion → S. 157

Universität zu Köln → S. 165

Lindenthal → S. 163

Sülz → S. 171

Heinrich Bölls Geburtshaus → S. 185

Emmastraße 32 → S. 167

Geißbockheim → S. 169

Marienburg → S. 67

Hürth

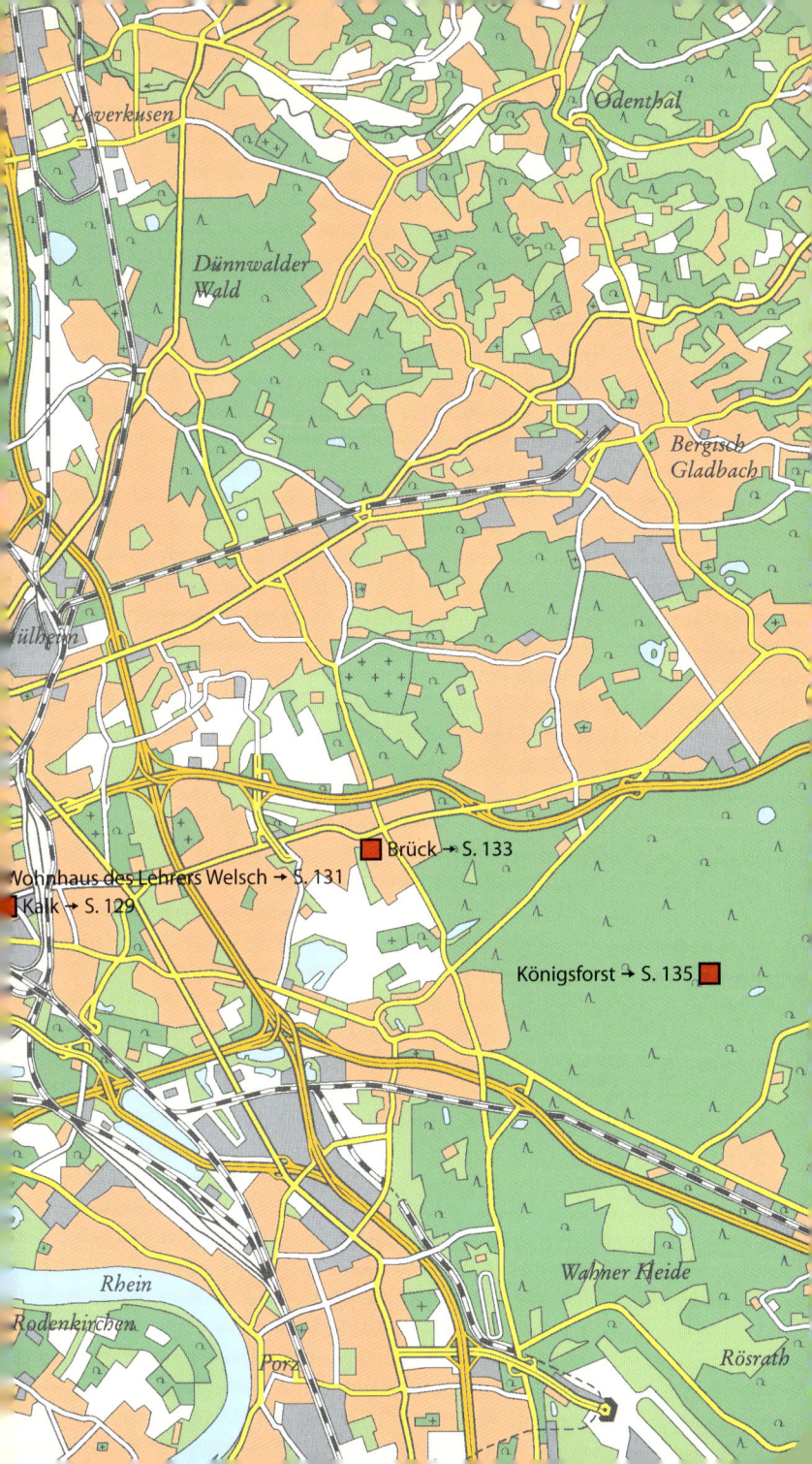

DIE ALTSTADT

DIE RÜCKKEHR DER GÖTTER

13. Januar – 25. August 2012

Berlins Antiken zu Gast in Köln

Römisch-Germanisches Museum

RÖMISCH-GERMANISCHES MUSEUM /// RONCALLIPLATZ 4 ///
50667 KÖLN /// 02 21 / 22 12 44 38 ///
WWW.MUSEENKOELN.DE/ROEMISCH-GERMANISCHES-MUSEUM/ ///

Es kann kein Zufall sein, dass der bedeutendste römische Fund in der Kar-
nevalshochburg Köln dem Gott Dio-
nysos gewidmet ist, dem griechischen
Gott des Weines und des sinnenfrohen
Feierns. Schon die römischen Kölner
(oder kölschen Römer) standen im Ruf,
das Leben genießen zu können. Der
moderne Kölner steht ihnen dabei in
nichts nach.

DIE KÖLSCHE DNA

Wer Köln und seine Einwohner besser verstehen will, sollte also seine
ersten Schritte um den mächtigen gotischen Dom herumlenken und auf
dessen Südseite einen Blick durch die Glasfront des Römisch-Germanischen Museums werfen. Hinunter auf das prächtige Dionysos-Mosaik,
um das herum das Museum 1974 erbaut wurde.

   In der Mitte des aus mehreren Millionen Steinen gefertigten, etwa
75 Quadratmeter großen Ornaments stützt sich der von den Römern
Bacchus genannte Gott des Weines angetrunken auf einen Begleiter. Um
ihn herum tanzt der sprichwörtliche
bacchische Reigen. Der Liebesgott
Amor reitet auf einem Löwen. Den
Hirtengott Pan begleitet ein Zie-
genbock (Geißbock!). Überall wird
gesungen, getrunken und geflirtet,
was das Zeug hält. Auch heute gibt

> Wer mit dem Kölner **KARNEVAL,
> FROHSINN UND LIEDGUT** fremdelt,
> kann sich im Januar und Februar
> bereits in verschiedenen Kneipen
> ›einsingen‹.
>
> **Tipp**

es kaum etwas, was der Kölner lieber tut. Ob dabei Bacchus gehuldigt
wird oder jemand anderem – was macht das schon für einen Unterschied?
›Kumm, loss mer fiere!‹ heißt es im kölnischen Liedgut. Ein Aufruf, in
den der antike Gott und sein Gefolge gewiss gerne eingestimmt hätten.

   Entdeckt wurde das Mosaik 1941 bei Ausgrabungsarbeiten für einen
Luftschutzbunker. Ursprünglich bildete es den Fußboden des Speisesaa-
les eines römischen Persistylhauses, wie sie in Köln öfters zu finden waren. Buchstäblich verschütt ging das Kunstwerk, als die Franken 355 von
Osten kommend über den Rhein setzten und die Stadt niederbrannten.
Was erklären mag, warum der Kölner allem Rechtsrheinischen eher skep-
tisch gegenübersteht.

TRANKGASSE /// 50667 KÖLN ///

Ihre Figur am Rathausturm zeigt sie mit einer Spinne, und glaubt man den römischen Quellen, vergiftete sie gleich zwei ihrer Ehemänner. Ihr einziger Sohn Nero, der wiederum sie umbringen ließ, brannte 69 n. Chr. Rom ab – so heißt es. In Köln jedoch fühlt man sich Agrippina Minor bis heute zu Dank verpflichtet. Nicht ohne Grund, hat sie Köln doch erst in den Rang einer Stadt erhoben.

DIE STADT DER SPINNE

Am 6. November des Jahres 15 n. Chr. wurde Agrippina als Tochter des Feldherrn Germanicus in Köln geboren. Von hier aus, damals eher ein Feldlager und eine Ubiersiedlung, zog Germanicus gegen die Germanen zu Felde, was ihm seinen Beinamen einbrachte. Bei seinen Truppen war er nicht nur wegen seiner Erfolge beliebt, sondern auch als Anführer geachtet. Mit ihrem Vater verließ Agrippina die Stadt jedoch bald wieder. Aber ihre Geburtsstadt muss nachhaltig Eindruck auf sie gemacht haben. Vielleicht wollte sie

> **Tipp**
>
> Neben den Resten im Römisch-Germanischen Museum finden sich Teile des alten Nordtores in einer Mauer am **LICHTHOF** bei St. Maria im Kapitol.

ihr aber auch nur ein wenig mehr Glanz verleihen. Im Jahre 50 n. Chr. überzeugte sie ihren damaligen Gemahl Kaiser Claudius jedenfalls, Köln zur Stadt zu erheben. Kurze Zeit später brachte sie ihn um.

Die Kölner, die sich fortan bis weit in die Frankenzeit hinein voller Stolz Agrippinensier nannten, zeigten sich damals schon dankbar und meißelten den neuen Namen ihrer Stadt in die frisch erbaute Stadtmauer: CCAA für Colonia Claudia Ara Agrippinensium. Zu sehen ist der Schriftzug im erhaltenen Torbogen des Nordtores (im Römisch-Germanischen Museum). Das Nordtor selber stand etwas abseits des heutigen Domes. Dort kann man heute noch einen rekonstruierten Bogen des Fußgängerdurchgangs, das so genannte Pfaffentörchen, durchschreiten und so die Stadt betreten, wie es früher die Römer ungefähr an dieser Stelle getan haben. In seinen Grundzügen stand das gesamte Nordtor noch bis ins 19. Jahrhundert an seinem Platz. Erst dann wich es der gelegentlich auftretenden Kölner Abrisswut.

ALT SANKT ALBAN /// QUATERMARKT /// 50667 KÖLN ///

Über die Ubier in Köln ist nur wenig bekannt. Wir wissen, dass sie um 18 v. Chr. vom Statthalter und Vater der Stadtgründerin Agrippina auf das linke Rheinufer umgesiedelt wurden. Als Verbündete der Römer hatten sie es sich mit den übrigen Germanen gründlich verscherzt und drohten im Rechtsrheinischen aufgerieben zu werden. Um das zu verhindern, gründete Agrippa das Oppidum Ubiorum, aus dem Köln hervorgehen sollte.

ZWISCHEN ALLEN STÜHLEN

Nur wenige der Germanen, die in dieser Zeit in Köln gelebt haben, kennen wir namentlich. Einer davon war Sigismund, Priester im Ara Ubiorum. Diese Weihestätte, die einmal als Opferaltar aller unterworfenen Germanenstämme geplant war, ist bis heute nicht gefunden worden. Wir wissen, dass es sie gab. Aber nicht, wo sie stand. Dieses Schicksal teilt das Ara Ubiorum mit dem Theater des römischen Köln. Quellen deuten aber darauf hin, dass es vermutlich auf dem Gelände des heutigen Gürzenich und unter Alt Sankt Alban zu finden war. Die im Zweiten Weltkrieg zerstörte Kirche zwischen Wallraf-Museum und Gürzenich wurde nie wieder aufgebaut und dient bis heute als Mahnmal für die Opfer der beiden Weltkriege. Es könnte auch ein Mahnmal für Sigismund sein.

> **Tipp**
>
> Das Ubiermonument in der südlichen Altstadt, ein Turm der ältesten vorrömischen Stadtbefestigungen, ist das **ÄLTESTE ERHALTENE STEINGEBÄUDE** Kölns und kann unterirdisch besichtigt werden.

Denn Sigismund, so berichtet es jedenfalls Tacitus, diente als Priester just zu der Zeit, als die Germanen die römischen Legionen in der Varusschlacht besiegten. Als er davon hörte, riss er sich die Priesterbinde vom Kopf, floh über den Rhein und schloss sich den Siegern an. Allzu lange hielt seine Begeisterung für das Leben unter den Germanen aber nicht an. Sechs Jahre später kehrte er auf Vermittlung seines Vaters, des Fürsten Segestes, auf die römische Seite des Rheins zurück. Schon damals scheint Heimweh nach Köln ein Thema gewesen zu sein. Allerdings endet Sigismunds Geschichte nicht in Köln, sondern in Rom, als Gefangener im Triumphzug des Germanicus. Sein Vater Segestes wohnte dem Zug als Zuschauer bei. Danach verliert sich Sigismunds Spur.

Als einer der letzten römischen Feldherren verteidigte Aegidius Gallien gegen die einfallenden Germanenstämme. Schon 355 fielen die Franken in Köln ein, plünderten und brandschatzten die Stadt, zogen sich aber wieder über den Rhein zurück. 100 Jahre später, Aegidius war soeben erst zum Oberbefehlshaber in Gallien ernannt worden, drohten sie wieder über den Rhein zu setzen.

DER LETZTE RÖMER

Doch dieses Mal war etwas anders. Als die Franken in Köln eindrangen, waren die römischen Truppen verschwunden. Noch im ersten Jahr seiner Befehlsgewalt räumte Aegidius Köln. Mit ihm endet 457 die mehr als vier Jahrhunderte lange römische Herrschaft über die Stadt. Was ihn dazu bewogen haben könnte, ist unbekannt. Sicherlich folgte er nicht der Meinung des Kirchenvaters Salvian de Marseille, der über die römischen Kölner der damaligen Zeit ein harsches Urteil fällte und ihnen vorwarf, selbst im Angesicht des Feindes noch Gelage zu feiern.

Vielleicht blickte Aegidius vom heute noch erhaltenen Römerturm auf die ersten anrückenden Germanen. Anders als 355 brannten die Franken die Stadt dieses Mal nicht nieder. Während Salvian von Zerstörungen in Mainz und Trier berichtet, beschreibt er Köln als eine Stadt, die vor Feinden nur so wimmelt, denn die Franken siedelten sich in der alten römischen Stadt an. Die Mut-

> **Tipp**
>
> Vom Römerturm aus kann auf der St. Apern-Straße dem römischen Mauerverlauf folgen und einige der schönsten **KUNST-GALERIEN** Kölns besuchen.

ter eines römischen Bekannten musste sich dort als Magd für fränkische Frauen verdingen, weiß der Kirchenmann empört zu berichten. In den folgenden Jahrhunderten mischten sich die Eroberer mit der römischen und ubischen Bevölkerung. Die Reste der römischen Verteidigungsanlagen blieben über Jahrhunderte bestehen und schützten noch die frühe mittelalterliche Stadt. Prachtstück heute ist der Römerturm, ursprünglich an der Nordwestecke der römischen Mauer befindlich, ein reich mit unterschiedlichen Steinmosaiken verzierter kreisrunder Turm, dessen unterer Teil mehrere Meter im Boden verborgen liegt.

SANKT GEREON /// **GEREONSKLOSTER 2** /// **50670 KÖLN** ///
02 21 / 4 74 50 70 /// **WWW.STGEREON.DE** ///

Ende des fünften Jahrhunderts herrschte Sigibert, der aufgrund einer Schlachtverletzung hinkte und den Beinamen ›der Lahme‹ trug, als König der Rheinfranken in Köln. Doch wie die römische Stadtgründerin Agrippina Minor um der Macht willen über Leichen ging, so beherrschten auch die fränkischen Adligen das Ränkespiel aus Mord und Intrige, und Sigiberts Königtum endete blutig.

DER KÖNIG IST TOT

Im Jahr 507 stiftete König Chlodwig Sigiberts Sohn Chloderich an, seinen Vater zu ermorden. Chloderich tat wie geheißen und krönte sich nach der Tat selber zum König. Das blieb er aber nicht einmal ein Jahr, denn der Vatermord war Chlodwig, selber König der Saalfranken, willkommener Anlass, nach Köln zu marschieren, Chloderich des Verbrechens anzuklagen, zu dem er ihn selbst angestiftet hatte, und ihn kurzerhand umbringen zu lassen.

Anschließend versprach er den Kölner Einwohnern Frieden und Sicherheit (und keine weiteren Königsmorde). Die riefen Chlodwig daraufhin in der Kirche Sankt Gereon zu ihrem König aus.

In Sankt Gereon selber erinnert nichts an diese Geschichte. Dennoch gilt sie als eine der ungewöhnlichsten Kirchen der Stadt. Der heutige Bau geht in weiten Teilen bis in die frühchristliche Zeit zurück. So etwa die ›Blutsäule‹ im nördlichen Teil, die – so erzählte man den Kölner Kindern über Jahrhunderte –, jeden bestrafe, der nicht gebeichtet habe. Denn die mit dem Blut der Märtyrer getränkte Säule erkenne Gut und Böse, so die Sage. 100 Jahre nach dem Mord an Sigibert bestrafte sie

> Nur wenige Schritte von Sankt Gereon entfernt bietet das **ERSTE KÖLNER WOHNZIMMERTHEATER** in der Probsteigasse ein abwechslungsreiches Comedy- und Kabarett-Programm.
>
> **Tipp**

angeblich einen weiteren fränkischen Königsmörder: König Thiederich sicherte seine Macht, indem er Bruder und Neffen ermordete. Offenbar schienen weder Chloderichs Schicksal noch Chlodwigs Versprechen eine nachhaltige Wirkung auf den fränkischen Adel gehabt zu haben. Doch als Thiederich sich in Sankt Gereon krönen lassen wollte, brach er vor der Blutsäule tot zusammen.

KÖLNER DOM /// DOMKLOSTER 4 /// 50667 KÖLN ///
WWW.KOELNER-DOM.DE ///

Kunsthistorikern gilt der Dom, das Kölner Wahrzeichen schlechthin, als das vollkommene gotische Bauwerk. Noch vor dem Schloss Neuschwanstein ist die Kathedrale die meistbesuchte Touristenattraktion Deutschlands. Im Durchschnitt besuchen 20.000 Menschen den Dom. Täglich! Entstanden ist diese gigantische Architektur fast ausschließlich im Kopf eines einzelnen Mannes des Mittelalters.

EIN PLAN FÜR DIE EWIGKEIT

Über den Dom wissen wir eine Menge. Seine Planung ging über alles bis dato Bekannte hinaus. Über 400.000 Kubikmeter Raum sollten umbaut werden, die Türme bis zu 156 Meter in den Himmel ragen. Als Stein verwandten die Baumeister des Mittelalters Andesit und Trachyt aus Steinbrüchen des nahen Siebengebirges. Schon die Römer holten sich von dort über den Rhein ihr Baumaterial. Anders als über den Dom wissen wir über den ersten Dombaumeister Gerhard von Ryle nur wenig mehr als seinen Namen. Woher er stammt und wie er nach Köln kam, darüber gibt es nur Spekulationen. Erstmalig erwähnt wird Ryle 1257, als ihm die Kirche für seine Verdienste um den Dombau Land bei seinem Haus in der Marzellenstraße überließ. 1268 wird er urkundlich als Dombaumeister genannt. Doch drei Jahre später bereits stirbt Gerhard, als er bei einem Kontrollgang auf dem Baugerüst des Doms abstürzt.

> Die Dombauverwaltung bietet Interessierten auf Nachfrage auch Führungen über das **DACH DES DOMS** an. Hier lohnt ein Blick auf die alten Steinmetzzeichen.
>
> **Tipp**

Vor allem sein Werk spricht für und erzählt über ihn. In seiner Jugend und auf seinen Wanderjahren muss er in Frankreich gewesen sein, dem Zentrum des damals modernen gotischen Baustils. Die Anlage des Kölner Domes legt grundlegende Kenntnisse der französischen Kathedralen nahe. Sein Plan, der Anfang des 19. Jahrhunderts wieder aufgefunden wurde und Grundlage der Vollendung des Doms war, übertraf allerdings die Vorbilder an Pracht und Größe. Ihm muss bewusst gewesen sein, dass er selber die Vollendung seines Domes nicht erleben würde. Dass es über 800 Jahre dauern würde, hätte aber sicher auch Gerhard von Ryle in Erstaunen versetzt.

KÖLNISCHES STADTMUSEUM /// ZEUGHAUSSTRASSE 1 – 3 ///
50667 KÖLN /// 02 21 / 22 12 57 89 ///
WWW.MUSEENKOELN.DE/KOELNISCHES-STADTMUSEUM/ ///

Schon ihre Hochzeit war ein Skandal. Im jugendlichen Alter von 15 Jahren heiratete Maria Ursula Columba den Kölner Politiker Franz Jakob Gabriel de Groote. Doch der Liebesheirat folgte eine glückliche Ehe und auch die Kölner fanden sich mit dem Eklat ab. Gleich mehrfach wählten sie de Groote zum Bürgermeister. Berühmt wurde ›Mimi‹ jedoch nicht als treue Ehefrau, sondern als Geliebte eines anderen Mannes.

CASANOVAS BÜRGERMEISTERIN

Denn trotz dieser Liebe – wir befinden uns im Rokoko – nahm man und frau es mit der Treue nicht so genau. Mehrere Jahre nach ihrem frühen Tod widmete kein Geringerer als Giacomo Casanova Mimi in seinen Memoiren einige Seiten. Zwei Monate weilte der Venezianer 1760 in der Stadt und brüstete sich – wohl durchaus wahrheitsgemäß – einer Liebelei mit der Kölner Bürgermeistergattin. Glaubt man ihm, unterhielt sie zuvor bereits eine Affäre mit dem Grafen Kettler. Casanova beschreibt ›Mimi‹ als lebensfrohe, muntere und sehr selbstständige Person. Ausdrücklich lobt er ihr ausgesprochen inniges Verhältnis zu ihrem Ehemann (!) ebenso wie ihre Umsicht bei der Pflege ihrer Affären. In der Glockengasse unterhielt die Schönheit ein eigenes Kämmerchen, wohin sie sich mit ihrem Liebhaber zurückziehen konnte. Doch all ihre Munterkeit muss Mimi schon wenige Jahre spä-

Auf dem Turm des Zeughauses steht das **GOLDENE FLÜGELAUTO** des Künstlers H. A. Schult, Überbleibsel einer Performance zum Thema ›Fetisch Auto‹.

Tipp

ter verloren haben. 1768 starb sie, gerade 33 Jahre alt, an der Schwindsucht. Beerdigt wurde sie in der barocken Kirche Sankt Gregorius im Elend, die die Familie ihres Mannes zur gleichen Zeit erbauen ließ. Ihr Totenbild jedoch findet sich heute im Kölnischen Stadtmuseum. Das Museum bietet dem Besucher auf 2.000 Quadratmetern einen Ein- und Überblick über die Kölner Stadtgeschichte. Gegründet wurde es Ende des 19. Jahrhunderts, an seinem heutigen Ort, dem Zeughaus, befindet es sich aber erst seit 1958. Das Zeughaus, um 1600 erbaut, war die Waffenkammer der Freien Reichsstadt Köln. Nicht unbedingt ein Ort für eine Liebschaft – nicht einmal im Rokoko.

Judengasse

Das jüdische Viertel Kölns gilt als der älteste jüdische Wohnort nördlich der Alpen. Bereits im Jahr 321 erlaubte Kaiser Konstantin in einem an die Stadt gerichteten Schreiben den jüdischen Bürgern die Wahrnehmung öffentlicher Ämter. Doch im Mittelalter sah sich die wohlhabende Gemeinde zunehmenden Repressalien ausgesetzt. 1424 wurden die Juden aus der Stadt ›für alle Zeit‹ vertrieben.

IM SCHATTEN DER MACHT

Schon die Erlaubnis Konstantins, öffentlich Ämter zu bekleiden, hatte einen Haken. Im vierten Jahrhundert mangelte es seitens der Bürger oft an der Bereitschaft, öffentliche Ämter zu übernehmen, da mit ihnen weit weniger Einfluss als Kosten verbunden waren. Nun konnten Juden, wie alle anderen römischen Bürger, verpflichtet werden, ein Amt anzutreten.

> **Tipp**
>
> Die Stadtbibliothek Köln besitzt mit der **GERMANIA JUDAICA** die größte Sammlung in Europa mit Texten zur jüdischen Geschichte.

Spätestens ab dem Mittelalter siedelten die Juden in unmittelbarer Nähe des Rathauses. Die Kölner Mikwe – als Ritualbad einer der zentralen Orte des Gemeindelebens – datiert in ihren Ursprüngen aus dem 8. Jahrhundert und erhielt ihre heutige Form nach 1096. Doch bereits damals litt die Gemeinde unter ersten Pogromen. Zeitgleich mit dem Ersten Kreuzzug etwa wurde die Kölner Synagoge zerstört.

1312 startete Papst Johannes XXII. eine ›Anti-Judenwucher-Kampagne‹. Auch in Köln versuchten Schuldner sich unter Berufung auf den Papst ihrer Schulden bei jüdischen Geldverleihern zu entledigen. Mehrfach wehrte die Stadt Köln solche Klagen ab. Allerdings nur bis zum Jahr 1334, als die Stadt ihren Gläubiger, den jüdischen Kaufmann Meyer, verhaftete, sein Vermögen einzog (inklusive der städtischen Schulden) und ihn hinrichtete. Mit dem Ausbruch der Pest eskalierte

DIE ÄLTESTE JÜDISCHE GEMEINDE NÖRDLICH DER ALPEN

die Situation. Jüdische Bürger wurden für die Krankheit verantwortlich gemacht und 1424 ›für alle Zeiten‹ aus der Stadt vertrieben, bis sie Ende des 18. Jahrhunderts mit den Franzosen nach Köln zurückkehrten. Doch das alte Viertel geriet in Vergessenheit und wurde erst im 20. Jahrhundert bei Ausgrabungen wiederentdeckt.

Die Rathauslaube, heute ein beliebter Ort, um frisch getrauten Paaren die Aufwartung zu machen, früher Prachtbau bürgerlichen Stolzes und Selbstbewusstseins, ist einer der bedeutendsten und schönsten Renaissancebauten Mittel- und Nordeuropas. Errichtet wurde sie zwischen 1569–1573 für die stolze Summe von 110.000 Gulden. Hier verkündete der Rat seine Beschlüsse in seinen Morgenansprachen. Aber wer hat die Laube erbaut?

KAMPF MIT DEM LÖWEN

Die Planungen der neuen Rathauslaube waren zu Beginn des 16. Jahrhunderts auf der Höhe der Zeit und entsprachen teilweise bis ins Detail italienischen Vorbildern, die in Köln gar nicht bekannt waren. Als Bauherr wird allgemein der Baumeister Wilhelm Vernukken genannt, der für den Rat die Planungsphase als Schreiber begleitete und später die Bauausführung übernahm. Nach allem, was wir wissen, hat der in Kalkar geborene Sohn eines holländischen Baumeisters Italien und die damals neuartige Renaissance-Architektur des Landes nie gesehen. Das musste er allerdings auch nicht, denn seine Arbeit fußte in weiten Teilen auf den Vorschlägen des italienischen Architekten Cornelis Florids, die dieser bereits 1557 dem Rat vorstellte. Vernukkens Umsetzung hielt sich konsequent an den neuen Stil und vermied alles Gotische des kurz zuvor eingestellten Dombaus. Schließlich wollte die Stadt auch architektonisch ihre Macht darstellen. So ist es kein Wunder, dass in der Mitte der Laube ein Bild aus der Kölner

> **Tipp**
>
> Am Rathausturm versammeln sich nicht wenige **STATUEN** der hier behandelten Personen. Schauen Sie doch einmal, wen Sie alles entdecken!

Sagenwelt seinen Platz gefunden hat: Bürgermeister Gryns Kampf mit dem Löwen des Erzbischof Engelbert von Falkenburg. Engelbert hielt in einem Käfig auf dem Domhof einen Löwen, der sich in der Stadt zu einer echten Attraktion entwickelte. Jeder wollte das Tier sehen. Außer Gryn. Erst zwei Domherren überzeugten ihn, dem Löwenkäfig einen Besuch abzustatten. Sie nutzten die Gelegenheit und warfen Gryn in den Käfig. Der jedoch tötete den Löwen und hängte anschließend die beiden Domherren an das (seitdem) sogenannte Pfaffenpförtchen.

WALLRAF-RICHARTZ-MUSEUM /// OBENMARSPFORTEN /// 50667 KÖLN ///
02 21 / 22 12 11 19 /// WWW.WALLRAF.MUSEUM ///

Wer das Treppenhaus des Wallraf-Richartz-Museums hinaufsteigt, bewegt sich über kunstgeschichtlich spannendem Grund. Das ist in Köln zwar keine Seltenheit, an dieser Stelle aber noch um einiges interessanter als an anderen historischen Stätten. Denn das Treppenhaus folgt in Teilen dem Verlauf einer alten, in der Phase der Nachkriegsbebauung verloren gegangenen Gasse.

AM ORT IHRER ENTSTEHUNG

Hier in der Gasse ›In der Höhle‹ stand bis 1832 das Wohnhaus des Malers Stephan Lochner, hier entstanden vor mehr als 500 Jahren mehrere der Gemälde, die nur wenige Schritte entfernt in den Ausstellungsräumen des Museums zu besichtigen sind, unter anderem Lochners wohl berühmtestes Werk ›Mutter Gottes in der Rosenlaube‹.

Wie so viele andere wichtige Kölner ist auch Lochner nicht in der Stadt geboren. Er stammt aus Meersburg am Bodensee und war über Jahrhunderte ein namenloser Unbekannter. Allein seine Bilder waren sein anonymes Vermächtnis. Eine Tagebuchnotiz Albrecht Dürers lüftete das Geheimnis des wichtigsten Vertreters der spätgotischen Kölner Malerschule. Zwei

> **Tipp**
>
> Ein weiteres Werk Lochners steht im Dom: Der ›**ALTAR DER STADTPATRONE**‹, ursprünglich Schmuckstück der nicht mehr existierenden Ratskapelle.

Weißpfennige habe er, Dürer, bezahlt, um sich im Dom eine Altartafel aufsperren zu lassen, die ein ›Meister Stefan‹ gemalt habe. In mittelalterlichen Urkunden fanden Forscher einen Maler namens Stephan Lochner erwähnt, wenn auch die Nachweise spärlich sind. So sind sein Geburtsdatum ebenso unbekannt wie seine Todesursache. Gewiss ist nur, dass Lochner 1451 in Köln wohlhabend und hoch angesehen starb. Vermutlich an der Pest, die in diesem Jahr in der Stadt wütete. Anhand dieser wenigen Daten und einer Analyse seines Malstils gelang es, Lochner seine Werke wieder zuzuordnen. Denn signiert haben die Maler des Mittelalters ihre Kunst nicht.

Im Jahr 1444 bezog Lochner ein kostspieliges Haus Ecke ›In der Höhle‹/Quatermarkt. Wer von außen auf das Treppenhaus des Museums blickt, fände rechter Hand der Glasfront das Lochner'sche Wohnhaus.

GÜLICHPLATZ /// 50667 KÖLN ///

Die Schandsäule zeigt den Kopf des Nikolaus Gülich, wie ihn ein Schwert auf-
spießte. Auf alle Zeiten, so hatte der Rat
der Stadt Köln entschieden, solle diese Säule als Mahnmal auf dem Grund
des ehemaligen Gülichschen Hauses an
Obermarspforten bestehen und nie wieder solle an dieser Stelle ein Haus gebaut
werden. Aber was hatte den Rat zu einer
solch harschen Gangart bewogen?

DER KOPF DES AUFRÜHRERS

Alles begann im Winter des Jahres 1679. Kaiser Leopold I. bat die Stadt
Köln darum, der kaiserlichen Armee Winterquartier zu gewähren und
die Kosten dafür zu übernehmen. Ein nicht unberechtigtes Anliegen, war
der Kaiser doch auch Schutzherr der Freien Reichsstadt. Dennoch weigerte sich der Kölner Rat, seinen Verpflichtungen nachzukommen. Als
Antwort darauf nahm ein kaiserlicher General fünf Kölner Händler, die
auf dem Weg nach Leipzig waren, als Geiseln. Zwar erklärte sich der Rat
bereit, alles Nötige zu tun, um die Gefangenen freizubekommen. De fac-
to aber überließ er dies den Gaffeln, den Kölner Zünften, und den An-
gehörigen. Dies war der Tropfen, der das Fass zum Überlaufen brachte.
Schon länger gärte es in der Stadt, galt der Rat doch als ebenso unfähig
wie korrupt. So war es damals durchaus üblich, für ein öffentliches Amt
an die Ehefrauen der Bürgermeister
zu zahlen. Nikolaus Gülich empör-
te sich, die Lage eskalierte, Gülich
und seine Mitstreiter übernahmen
in den folgenden Jahren selber die
Macht. Doch der Kaufmann machte es nicht besser als sein Vorgänger

Auf dem **JUPP-SCHMITZ-PLATZ,** unweit des Gülichplatzes, erinnert
ein weiteres Denkmal an den
gleichnamigen Karnevalisten und
Sänger.

Tipp

und wurde mit Unterstützung des Kaisers festgenommen, verurteilt und
auf der Mülheimer Heide hingerichtet. Sein Haus wurde abgerissen und
die Schandsäule errichtet, die die Franzosen über 100 Jahre später ab-
reißen ließen. Jetzt steht am Gülichplatz das Haus Neuerburg, 1923 vom
Architekten Emil Felix gebaut, Heimat der Zigarettenmarke ›Overstolz‹
und heute städtisches Standesamt. Anstelle der Schandsäule schmückt der
Karnevalsbrunnen den Platz, mit Goethes Zitat: ›Löblich sei ein tolles
Streben, wenn es kurz ist und mit Sinn. Heiterkeit zum Erdeleben sei dem
flücht'gen Rausch Gewinn‹.

DUFTMUSEUM IM FARINA-HAUS /// OBENMARSPFORTEN 21 /// 50667 KÖLN ///
02 21 / 3 99 89 94 /// WWW.FARINA.EU ///

Das Gebäude gleich gegenüber des Gülichplatzes ist eines der berühmtesten
Häuser Kölns und das bedeutendste
erhalten gebliebene Geschäftshaus aus
der Epoche des Historismus in Köln.
Erbaut wurde das Stammhaus der ›Jo-
hann-Maria Farina GmbH gegenüber
dem Jülichs-Platz‹ Ende des 19. Jahrhunderts, doch bereits seit 1723 stellte
die Familie Farina an dieser Stelle ihr
weltberühmtes Eau de Cologne her.

›EIN DUFT WIE EIN ITALIENISCHER FRÜHLINGSMORGEN‹

Köln war zu dieser Zeit alles andere als eine wohlriechende Stadt. Ganz
im Gegenteil. Ein funktionierendes Abwassersystem gab es seit römischer Zeit nicht mehr. Die Stadt stank nach dem Unrat, den die Kölner
auf die Straße kippten. Auch die Menschen rochen nicht besser. Waschen
war verpönt. Aus gutem Grund, war das Wasser doch aufgrund der hy-
gienischen Zustände in der Stadt nicht sauber. Wer dennoch gut riechen
wollte, war auf ein Duftwasser angewiesen. Nicht nur in Köln.

Doch ursprünglich war die 1709 von Johann Baptist Farina gegründete
Firma ein Geschäft für ›französisch Kram‹ an der Großen Budengasse –
heute würden wir sagen: Luxusar-
tikel von Parfums bis zu Seide. Da
passte die Kreation, die sein Bruder
Johann Maria schuf, nachdem er in
die Firma eingestiegen war, perfekt
ins Portfolio und zu seinem zah-
lungskräftigen Kundenstamm: ein

> Kaum eine **FIRMENGESCHICHTE**
> ist so gut dokumentiert. Alle
> Geschäftsdokumente seit 1709 la-
> gern im Rheinisch-Westfälischen
> Wirtschaftsarchiv, Köln.

Tipp

Duft, der ›wie ein italienischer Frühlingsmorgen nach dem Regen‹ wäre
und die Düfte von Orangen, Pampelmusen, Citronen, Bergamotte, Ce-
drat, Limette und ›die Blüten und Kräuter meiner Heimat‹ miteinander
verbinde, wie es Farina selbst beschrieb.

Denn auch wenn Farina seine Kreation zu Ehren seiner Heimatstadt Eau
de Cologne nannte (und damit Köln als Duftstadt berühmt machte), war er
doch seiner italienischen Heimat verbunden. Noch heute pflegt die Familie
die Beziehung zur italienischen Heimatgemeinde Santa Maria Maggiore.

Der Besucher kann dafür im hauseigenen Duftmuseum dem italienischen Morgen und seiner Entstehung nachspüren oder besser -riechen.

SEIDMACHER
GAESSCHEN

Kaum einhundert Meter ist das Seidmacherinnengässchen lang, dennoch schmücken es gleich drei Straßenschilder mit unterschiedlichen Namen. Kommt man von Obenmarspforten, gelangt man in die Straße ›Unter Seidmacher‹. Am Haus ›Sankt Peter‹ zum Heumarkt hin findet sich der alte, in goldenen Buchstaben in den Stein gemeißelte Name ›Seidmachergäßchen‹ – und auf der anderen Straßenseite weist ein Schild ›Seidmacherinnengäßchen‹ den Weg.

UNTER SEIDMACHERINNEN

Der letzte Name ist politisch wie inhaltlich korrekt, handelte es sich bei den Seidmachern im mittelalterlichen Köln doch ausschließlich um Frauen. Nicht nur das: Die Kölner Seidmacherinnen waren sogar in ihrer eigenen Zunft organisiert. Zünfte, die Frauen vorbehalten waren, fanden sich ansonsten nur in Paris. Eine der herausragenden Persönlichkeiten im Seidengewerbe war Fygen Lutzenkirchen, die in der zweiten Hälfte des 15. Jahrhunderts der Zunft vorstand. Ihr Geburtsjahr ist unbekannt, auch

Tipp

Am Gasthof St. Peter (Ecke Heumarkt) hängt über dem Tor eine alte Schandmaske, ein ›**GRINKOPF**‹, Strafe Erzbischof Annos II. für das aufrührerische Verhalten eines ehemaligen Hausbesitzers.

ihre Herkunft bleibt weitgehend im Dunkeln. Nur, dass sie eine geborene Bellinghoven war, weiß man. 1474 wurde sie als Meisterin der Seidmacher zugelassen und bildete im nächsten Vierteljahrhundert selbst 25 Lehrmädchen aus. Bemerkenswerterweise blieben ihre Töchter außen vor. Fygen schickte sie bei anderen Berufsgenossinnen in die Lehre.

Den Verkauf ihrer Produkte übernahm ihr Ehemann Peter, ein Wollhändler und Großkaufmann, dessen länderübergreifende Beziehungen es Fygen ermöglichten, ihre Seide in ganz Europa abzusetzen. Eine derartige gewinnbringende Partnerschaft war nicht untypisch für Kölner Eheleute des späten Mittelalters. Mehrfach begleitete Fygen ihren Mann auch zu den Messen in Frankfurt und Antwerpen. Nach seinem Tod übergab sie ihren Betrieb an ihre Tochter Lisbeth und widmete sich erfolgreich den Nachlassgeschäften ihres Mannes. Zu Beginn des 16. Jahrhunderts war Fygen Lutzenkirchen eine der reichsten Frauen der Stadt und eine der zahlreichen wirtschaftlich erfolgreichen Kölnerinnen im späten Mittelalter.

DREIKÖNIGENPFÖRTCHEN /// LICHHOF /// 50676 KÖLN ///

Ein wenig versteckt hinter der romanischen Kirche Maria im Kapitol steht das letzte erhaltene Stiftstörchen der Stadt Köln. Das Dreikönigenpförtchen war das Tor zum klösterlichen Immunitätsbezirk rund um die Kirche und das dazugehörige Kloster. So hübsch und romantisch es auch wirkt, war es dennoch ein Machtsymbol. Denn hier endete der Herrschaftsbereich der Stadt.

DAS SCHÖNSTE TÖRCHEN DER STADT

Dennoch besaß die Kirche große Bedeutung für Köln, war sie doch neben dem Dom die Hauptkirche der Stadt. Zu Weihnachten hielt der Erzbischof hier die Messe, am Dreikönigstag pilgerten die Stadtoberen von hier zum Dom. Vermutlich hat das Törchen daher seinen Namen, auch wenn die Legende berichtet, Erzbischof Rainald von Dassel habe die Gebeine der Heiligen Drei Könige 1164 als Kriegsbeute aus Mailand durch die Pforte in die Kirche gebracht. Sicher ist, dass Rainald von den Kölnern begeistert empfangen wurde und sie ihn samt seiner Beute in einer Art Prozession durch die Stadt begleiteten. Ihre Begeisterung hatte durchaus seine Berechtigung. Rainalds Beute lockte in den folgenden Jahrzehnten zahlreiche Pilger in die Stadt. So groß wurde deren Zahl, dass gut achtzig Jahre später mit dem Bau eines neuen, größeren Doms begonnen wurde, in dem die Gebeine der Heiligen ihren Platz finden sollten. Rainald von

> **Tipp**
>
> Im Seitenschiff der Kirche hängen die Knochen eines urzeitlichen **WALS,** die, so glaubte man früher, die unter ihnen geschärften Messer segneten.

Dassel bekam von alledem nichts mehr mit. Zwei Jahre später brach er zu einem neuerlichen Feldzug nach Italien auf. Der kriegerische Erzbischof starb 1167 nach der Eroberung Roms, vermutlich an der Malaria. Seine Gebeine wurden zurück nach Köln gebracht. Das heutige Tor ließ der Kölner Ratsherr Johannes Hardenrath 1460 anstelle eines romanischen Vorgängerbaus errichten. Älteren Datums ist die Darstellung der Heiligen Drei Könige, die das Törchen nach oben hin abschließt. Sie stammen noch aus dem romanischen Vorgängerbau, dem sie 1310 hinzugefügt wurden.

OVERSTOLZENHAUS /// RHEINGASSE 8 /// 50676 KÖLN /// 02 21 / 20 18 91 60 ///
HTTP://BIBLIOTHEK.KHM.DE/METAB/KONTAKT/GESCHICHTE-DES-HAUSES/ ///

Glaubt man einer Kölner Sage, dann gehört diese Familie zu den fünfzehn römischen Geschlechtern, die Kaiserin Agrippina 50 n. Chr. in Köln ansiedelte. Aus dieser Geschichte leiteten die Familien über Jahrhunderte ihren Machtanspruch und ihre Vormachtstellung in Köln ab. Eine Stellung, die die Overstolzen zur Not mit Gewalt verteidigten. Selbst gegen den mächtigen Erzbischof!

DIE STOLZESTE FAMILIE DER STADT

Der Legende zum Trotz: der erste Overstolz, der sich in Köln nachweisen lässt, ist 1197 ein gewisser Godescalsus Ovirstoth. Von ihm allerdings stammt gleich das halbe mittelalterliche Patriziertum Kölns ab. Sein Name hatte schon in der zweiten Generation einen so guten Klang, dass sein Schwiegersohn Werner ohne Murren den Namen seiner Frau annahm.

Er heiratete in eine kriegerische Sippschaft ein. 1268 befehligte Matthias Overstolz die Kölner Truppen, die sich gegen die durch die Ulrepforte heimlich in die Stadt eingedrungenen Krieger des Erzbischofs behaupteten. Zwanzig Jahre später starb der als Panzerreiter gerüstete Gerhard Overstolz in der Schlacht bei Worringen, die den Erzbischof endgültig aus Köln vertrieb (und Bonn und Brühl Jahrhunderte später hübsche Barockschlösser schenkte). Allerdings fiel Gerhard nicht durch Feindeshand. Zu lange kämpfte er zu Fuß in der schweren Rüstung, sodass er am Ende vor Erschöpfung starb.

Reich wurden die Overstolzen allerdings nicht durch Krieg, sondern als Gewandschneider und Grundbesitzer. In der Rheingasse steht bis heute ihr Stammhaus, das nach ihnen benannte Mitte des 13. Jahrhunderts erbaute Overstolzenhaus. Es ist das einzige erhaltene romanische Bürgerhaus Kölns und besticht mit seiner alten, vornehmen und reich gegliederten Fensterfassade. Noch bis ins 19. Jahrhundert standen zahlreiche ähnliche Gebäude in Köln, doch das wenige, das die Bauwut dieser Zeit überlebte, wurde im Krieg zerstört.

> **Tipp**
>
> Innen bietet das Haus kaum Hinweise auf seine Vergangenheit, dafür aber die öffentlich zugängliche **BIBLIOTHEK** der Kunsthochschule für Medien.

VA SORGE DICH NICHT

KUNSTSTATION SANKT PETER /// JABACHSTRASSE 1 /// 50676 KÖLN ///
02 21 / 9 21 30 30 /// WWW.SANKT-PETER-KOELN.DE/WP/ ///

Mit dem Kopf nach unten hängt der heilige Petrus am Kreuz. Wer seinen Henkern ins Gesicht schaut, sieht wilde Entschlossenheit und rohe Gewalt. Mit all ihrer Kraft richten sie das Kreuz auf und schlagen wütend die Nägel in das Fleisch des Märtyrers. 1638 malt Peter Paul Rubens die Kreuzigung Petri für die Kirche Sankt Peter – mitten in der grausamen Zeit des Dreißigjährigen Krieges.

EIN ALTERSWERK FÜR DIE KIRCHE SEINER KINDHEIT

Viele Interpreten sehen in diesem Petrus denn auch ein Sinnbild der gepeinigten katholischen Kirche. Mit diesem Bild kehrte Rubens wenige Jahre vor seinem Tod jedenfalls zu seinen Ursprüngen zurück. Hier im Pfarrsprengel Sankt Peter verbrachte er die ersten zehn Jahre seines Lebens.

Sein Vater Jan war ein in Antwerpen und Italien ausgebildeter Jurist, der als Reformierter im Zuge der Religionsunruhen nach Köln übersiedelte, wo er als Berater Annas von Sachsen arbeitete, der Gemahlin Wilhelm von Oraniens, eines Anführers des niederländischen Unabhängigkeitskrieges gegen Spanien.

Nur drei Jahre nachdem Jan Rubens 1568 nach Köln gekommen war, wurde er auf der Festung Dillenburg inhaftiert. Die Anklage lautete auf Ehebruch. Ihm wurde eine Affäre mit seiner Mandantin vorgeworfen. Für Wilhelm von Oranien und seine Familie kam die angebliche Affäre einem Lottogewinn gleich, befreite sie ihn doch von enormen finanziellen Ansprüchen seiner Frau. (Der Leser denke sich seinen Teil.)

1578, ein Jahr nach Peter Pauls

Tipp

Nicht nur damals, auch heute pflegt die Kunststation Sankt Peter ein ambitioniertes zeitgenössisches **KUNSTPROGRAMM** aus Literatur, Kunst und Musik.

Geburt, kehrte die Familie nach Köln und in den Pfarrsprengel Sankt Peter zurück. In Antwerpen ging Rubens, nachdem er kurzzeitig als Page gearbeitet hatte, bei einem Maler in die Lehre und wurde zu einem der bedeutendsten Künstler seiner Zeit. Das Spätwerk der Kreuzigung Petri war eine Arbeit für die Kirche, in der er getauft wurde, und in der sein Vater bis heute beerdigt liegt. Heute bildet Sankt Peter, gemeinsam mit Sankt Cäcilien (das jetzige Schnütgen Museum), die einzige erhaltene Doppelkirchenanlage Kölns mit Pfarr- und Stiftskirche.

SANKT PANTALEON /// AM PANTALEONSBERG 10 /// 50676 KÖLN ///
02 21 / 31 66 55 /// WWW.SANKT-PANTALEON.DE ///

Mitten in der Stadt, aber vom Trubel geschützt durch eine großzügige Park-anlage, liegt Sankt Pantaleon, eine der zwölf romanischen Basiliken Kölns. Auf den Überresten einer römischen Villa vor den Toren der Stadt erbaut, ist sie seit über 1000 Jahren Grabstät-te der Kaiserin Theophanu, einer Frau, die eigentlich nie hätte Kaiserin werden sollen und doch zur mächtigsten Frau des Mittelalters aufstieg.

DIE KAISERIN AUS DEM NICHTS

Dreimal schickte Kaiser Otto II. eine Gesandtschaft nach Byzanz, um eine Tochter des oströmischen Kaisers heiraten zu können. Zweimal kehrten seine Gesandten ergebnislos zurück. Beim dritten Mal begleitete die je nach Quelle 12- oder 17-jährige Theophanu den Tross. Doch Teo-phanu war lediglich eine Nichte des Kaisers (und selbst das stand und steht im Zweifel) und nicht wenige Berater Ottos empfahlen ihm, das Mädchen postwendend wieder zurückzuschicken. Doch Otto entschied anders, heiratete Theophanu im April 972 und machte sie zur Kaiserin.

Schon zu Lebzeiten ihres Gatten wurde sie in zahlreichen seiner Urkunden erwähnt, ein Zeichen sowohl ihrer Macht als auch der Gunst, die ihr ihr Ehemann entgegenbrachte. Als der Kaiser an einer falsch be-handelten Malaria starb, herrschte sie stellvertretend für ihren erst dreijährigen Sohn Otto III. bis zu ihrem Tod 991 auf dem Reichstag in Nimwegen.

Auf eigenen Wunsch wurde sie in ihrer Lieblingskirche beigesetzt.

> **Tipp**
>
> Das **[BRAU-] HAUS TÖLLER** in der Weyerstraße ist eines der ältesten Häuser Kölns (aus dem 14. Jahr-hundert) und war früher als Steynen Huus bekannt.

Schon zu Römerzeiten war der Hügel, auf dem die Kirche steht, mit einer Landvilla vor der Stadt bebaut. Theophanu selbst ließ den karolingischen Kirchenbau, der auf diesen römischen Resten aufbaute, erweitern. Heute ruht sie in einem marmornen Sarkophag des Künstlers Sepp Hürten aus dem Jahr 1965. Die ruhige, mächtige Kirche liegt zwar inmitten der Stadt, aber umgeben von einem großzügigen Park, der sie zu einem der idyl-lischsten Kirchenbauten Kölns werden lässt. Vielleicht aber liegt das auch ein wenig am guten Geist der Kaiserin.

HÄNNESCHEN THEATER /// EISENMARKT 2 – 4 /// 50667 KÖLN ///
02 21 / 2 58 12 01 /// WWW.HAENNESCHEN.DE ///

Im Sommer schlug sich der gelernte Schneidergeselle als Anstreicher durch und kam so gerade über die Runden. Die kalte Jahreszeit jedoch war hart. So versuchte Johann Christoph Winters zu Beginn des 19. Jahrhunderts sein Glück als Puppenspieler. Im Jahr 1802 beantragte Winters das erste Mal bei der Stadt eine Genehmigung für sein Puppenspiel und legte damit den Grundstein für eine kölsche Institution.

›EIN SCHÖNES EINGERICHTETES BOBBENSPIEL‹

Doch im Anfang war das Hänneschen alles andere als eine Institution. Jahr für Jahr musste Winters sich seine Erlaubnis zum Puppenspiel bestätigen lassen, ein Antrag ist fast vollständig überliefert. Winters wirbt für sein ›schönes eingerichtetes Bobbenspiel, welches allen Menschen wohl gefällt, … weil ich vor alle unartige anständt besorget bin, denn mein Spielhaus ist wohl mit Licht versehen und auch zwei aufmerksamen Männern, welche gute Subordination beibehalten‹.

Winters argumentierte durchaus geschickt. Bei ihm gehe es ruhig zu wie in einer Kirche. Es werde nicht geraucht und nicht gezankt, um den Kindern kein schlechtes Vorbild zu liefern wie bei zahlreichen anderen Krippenspielen. Sein Theater florierte und eroberte sich rasch seinen Platz im Herzen der Kölner. Beim ersten Rosenmontagszug 1823 war das Hänneschen-Theater mit von der Partie. Seitdem hat es kein einziges Mal gefehlt. Schon früh hatte es sich mit starker Konkurrenz auseinander zu setzen. Etwa mit der Familie Millowitsch, die ebenfalls einen Puppenspieler in Köln unterhielt. 1862 starb Winters, um seine Nachfolge wurde Jahre gestritten.

> **Tipp**
> Wer **PUPPENSPIELER** im ›Hänneschen‹ werden will, sollte Kölsch sprechen, singen können, eine künstlerische Vorbildung besitzen und unter 1,80 groß sein.

Nach zahlreichen Umzügen findet sich das ›Hänneschen‹ heute am Eisenmarkt. 1992 setzte die Stadt dem Theater ein Denkmal vor die Nase. Es zeigt Willy Millowitsch, den Spross des früheren Konkurrenten. Ob das eine späte Versöhnung, Unachtsamkeit oder eine kleine Bösartigkeit sein sollte, weiß kein Mensch. Aber das weiß man in Köln oft nicht so genau.

OSTERMANNPLATZ /// 50667 KÖLN ///

Sein letztes Lied sollte sein berühmtestes werden. Im Juli 1936 erlitt Willi Ostermann bei einem Auftritt in Bad Neuenahr einen Schwächeanfall und wurde umgehend in das Kölner Krankenhaus an der Lindenburg gebracht. Er sollte es nicht mehr lebend verlassen. Wenige Tage vor seinem Tod schrieb er ›Heimweh nach Köln‹ – wohl ahnend, dass er die Stadt außerhalb seines Krankenzimmers nicht wiedersehen würde.

›ZO FOSS NOH KÖLLE‹

Schon in der Schule schrieb er mundartliche Parodien auf die auswendig zu lernenden Gedichte und kannte die aktuellen Karnevalsschlager in- und auswendig. Mit dem Lied ›Et Düxer Schützefess‹ (›Das Deutzer Schützenfest‹) wurde er schließlich populär und begann eine Karriere, die ihn auch überregional berühmt machen sollte. Wie kaum ein Sänger zuvor verstand er es, Gefühl und Humor zu verbinden. Seine Lieder, genau beobachtete Milieustudien, hoben das Alltägliche heraus und machten es zu etwas Besonderem.

Sein Freund, der Karnevalist Thomas Lissem, erinnert sich an eine kurze Anekdote von Ostermanns Krankenbett. Trotz seines Zustandes bat er den behandelnden Arzt um ein Glas Sekt. Als dieser ihm das Glas nur halb einschüttete (Dass er das überhaupt tat! Die Medizin muss damals weiter gewesen sein als heute …), kommentierte der Musiker das mit den Worten: »Es dat nit en beßje winnig för dä wigge Wäch en et Jenseits?« (»Ist das nicht ein bisschen wenig für den weiten Weg ins Jenseits?«). Am 6. August 1936 starb Ostermann. Drei Jahre später wurde der Ostermannbrunnen auf dem heuti-

> Bei schönem Wetter sollte man den Ostermannplatz für eine **KLEINE PAUSE** nutzen: Hinsetzen, Kölsch trinken und den Platz einfach genießen.
>
> **Tipp**

gen ›Ostermannplätzche‹ eingeweiht. Trotz Kriegsschäden und teils fragwürdiger Bebauung ist der kleine, etwas abseits gelegene Platz mit dem Brunnen unter einer mächtigen Baumkrone und der lebendigen, aber meist friedlich-entspannten Gastronomie einer der schönsten der Altstadt – ein beschaulicher Platz, um ein wenig sentimental zu werden und zu dem man gerne zu Fuß geht, denn anders kommt man da auch nicht hin.

GROSS SANKT MARTIN /// AN GROSS SANKT MARTIN 9 /// 50667 KÖLN ///
WWW.ROMANISCHE-KIRCHEN-KOELN.DE/555.HTML ///

Man verbindet ihn eher mit dem Niederrhein und weniger mit Köln. Aber Hanns Dieter Hüsch hat nicht nur fünfzehn Jahre in Köln gelebt. Ihn verbindet mit der Kirche Groß Sankt Martin eine derart liebevolle Beziehung, dass er und seine Lieblingskirche nicht fehlen dürfen. Immerhin war der Blick vom Balkon auf die Altstadtkirche Grund genug, die Wohnung mieten zu wollen, ohne nach dem Preis zu fragen.

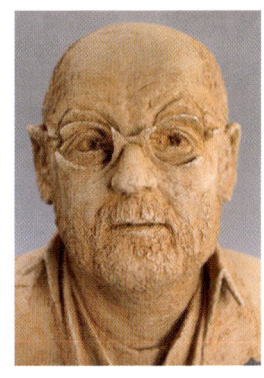

DIE DICKE KIRCHE

Ihr großer, mächtiger Vierungsturm macht Groß Sankt Martin bis heute zu einem der markantesten Punkte des Kölner Stadtbildes. Im Altstadtpanorama stand die Kirche jahrhundertelang fast gleichberechtigt neben den unvollendeten Domtürmen und dem Rathausturm der freien Reichsstadt. Erbaut wurde sie im 12. Jahrhundert auf der ehemaligen Rheininsel über alten römischen Lagerhallen. Im Krieg wurde sie fast vollständig zerstört, heute jedoch ist sie nach sorgfältigem Wiederaufbau wie bereits in den Jahrhunderten zuvor Klosterkirche und Heimat der ›Gemeinde von Jerusalem‹.

Für den Kabarettisten Hanns Dieter Hüsch, der von 1988 an mit Blick auf Groß Sankt Martin lebte, war sie liebevoll-despektierlich einfach nur ›die dicke Kirche‹. Wer vor ihr steht, weiß, was Hüsch meint. In den engen Gassen der Altstadt macht sich der Bau immer wieder im Blickfeld breit, sprengt die Begrenzungen der ihn umgebenden Straßen, wirkt dabei aber nicht mächtig wie der Dom, sondern eben dick und gemütlich. Aber Hüsch hat die Kirche nicht nur bewundert, er hat auch in ihr gepredigt. Den Wunsch trug er eine ganze Weile mit sich herum und als er ihn schließlich äußerte, erlebte er, was Beziehungen in Köln so alles regeln können. In einer Kneipe ließ er seinen Wunsch wie beiläufig fallen. Sein Freund Erich Fehn kannte einen Buchhändler, der jemanden von der Caritas, und ein paar Wochen später ging der Wunsch des Kabarettisten an einem Sonntagnachmittag in Erfüllung.

Tipp

Hüschs Nachfolger in Sachen Kleinkunst und Kabarett kann man unweit von Groß Sankt Martin im **SENFTÖPFCHEN THEATER**, Große Neugasse, bewundern.

4711-TRADITIONSHAUS /// GLOCKENGASSE 4 /// 50667 KÖLN ///
02 21 / 27 09 99 10 /// WWW.GLOCKENGASSE.DE ///

Mit seiner strahlend weißen neugotischen Fassade und den kleinen Eck-
türmchen wirkt das 4711-Gebäude
in der Glockengasse wie ein kleines
Märchenschloss und irgendwie ist es
das auch. Denn fast nichts rund um
das hübsche Gebäude ist wahr. Streng
genommen ist das Haus mit dem Glockenspiel eine über Jahrzehnte fortge-
schriebene und mit immer mehr Details
geschmückte Marketingstory.

WIE EIN MÄRCHENSCHLOSS

Die Fassade ist mitnichten gotisch, sondern ein Neubau des vorvorigen
Jahrhunderts, das Haus steht nicht einmal mehr dort, wo es ursprünglich
stand; und ein Eckhaus war es eigentlich auch nicht. Alte Fotos zeigen das
4711-Gebäude zwischen zwei anderen, älteren Gebäuden der Stadt, erst
später hat man es an seinen jetzigen Standort verlegt.

Aber nicht nur das Haus, auch der Gründungsmythos der Marke ist
eine Erfindung. Ein Mönch habe ihm auf seiner Hochzeit das Rezept
seines Duftwässerchens zum Ge-
schenk gemacht, erzählte Firmen-
gründer Wilhelm Mülhens gerne.
Indem er sich einen Kompagnon
mit Namen Farina ins Geschäft hol-
te, nutzte er zudem den Namen des
älteren und bekannteren Konkur-
renten und verkaufte diesen Namen gleich reihenweise als Lizenz weiter.
Ein Rechtsstreit begann, dessen letzte Klagen erst 2006, zweihundert Jahre später, beigelegt wurden.

> Nicht nur das Stammhaus,
> sondern auch die denkmalge-
> schützten ehemaligen **FABRIK- UND
> VERWALTUNGSBAUTEN** in Köln-
> Ehrenfeld lohnen einen Besuch.

Tipp

Doch in Köln, wo Mythen gleichberechtigt neben jedweder Wahr-
heit Teil der Geschichte und des Selbstbildes werden können, erobert
4711 natürlich seinen Platz. Nicht zu Unrecht, denn es ist wirklich eines
der schönsten Gebäude der Stadt – das Glockenspiel ein Highlight. Was
macht es da schon, dass auch das Bild des französischen Soldaten, der die
Hausnummer 4711 vom Pferd herab an die Wand malt, aus dem Jahr 1949
stammt. Beschlossen hatte die Nummerierung nicht die französische Be-
satzung, sondern bereits der Kölner Stadtrat. Aber Frankreich und Duftwasser, das passt doch viel besser zueinander. Im Märchen, in der Wirklichkeit und in Köln sowieso.

OPER / Spielzeit 2011·2012 \ KÖLN

WIR BLEIBEN

OFFENBACHPLATZ /// 50667 KÖLN ///

Der Offenbachplatz sollte der Lieblingsplatz des neuen Köln werden. Inmitten
der freigeräumten und unvollständig
bebauten Trümmerwüste der Altstadt
rückte die Stadt in den 1950er-Jahren
die Kultur in ihr Zentrum und benannte
den Platz nach dem berühmten Kölner
Operettenkomponisten Jacques Offenbach, der am Griechenmarkt das Licht
der Welt erblickte. Doch die künstliche
Mitte wurde nie Herz der Stadt.

PARISER RUHM

Seinen Ruhm erwarb Offenbach in Paris. Dorthin schickte sein Vater,
ein jüdischer Kantor, den 14-jährigen im Griechenmarktviertel geborenen
nen Jakob Offenbach 1833. Zuvor spielte der Junge bereits als Musiker in
Gaststätten. In Paris nahm er den französischen Namen Jacques an und
spielte zunächst als Cellist in Boulevard-Theatern. Später übernahm er
die Leitung seines eigenen Theaters, gab diese aber bald wieder auf, um
sich ganz der Komposition seiner Operetten zu widmen. Rasch machten
ihn Werke wie ›Orpheus in der Unterwelt‹ in ganz Europa populär. 1860
erhielt Offenbach die französischen Bürgerrechte und wurde Mitglied
der Ehrenlegion.

Mit dem deutsch-französischen Krieg 1870/71 verblasste sein Ruhm.
Die Franzosen hielten ihn für einen Spion Bismarcks, die Deutschen für
einen Vaterlandsverräter. Erfolge feierte Offenbach danach vor allem in
den Vereinigten Staaten.

Köln jedoch war bereit, ihm
nach dem Zweiten Weltkrieg die
eigene Mitte zu widmen. Der heutige Offenbachplatz mit dem von
Wilhelm Riphahn erbauten Opern-
neubau sollte das Zentrum des neu-

> **Tipp**
>
> Ein kleiner wenig schöner Spa-
> ziergang führt zur Hausnummer
> **GROSSER GRIECHENMARKT 1,** in der
> Jacques Offenbach am 20. Juni
> 1819 geboren wurde.

en Kölns werden. Doch der Plan scheiterte. Nicht nur weil die Kölner
bis heute dem alten Opernhaus am Rudolfplatz nachtrauern und manche
immer noch den Abriss des Riphahn-Baus fordern. Vor allem, weil gleich
nebenan der Verkehr der Nord-Süd-Fahrt an dem großen, weitgehend
leeren Platz vorbeirauscht und es keinen Grund gibt, hier länger als nötig
zu verweilen. Mit der Opernsanierung soll sich das in Zukunft aber – mal
wieder – ändern.

GALERIE BOISSERÉE /// **DRUSUSGASSE 7 – 11** /// **50667 KÖLN** ///
02 21 / 2 57 85 19 /// **WWW.BOISSEREE.COM** ///

›Denn es geschah in den ersten Monaten nach unserer Rückkehr, als wir mit Schlegel auf dem Neumarkt spazierten, daß wir einer Tragbahre mit allerlei Geräten begegneten, worunter sich auch ein altes Gemälde befand, auf dem die goldenen Scheine der Heiligen von Ferne leuchteten‹. Dieses Leuchten lockte Sulpiz Boisserée so sehr, dass er das Bild von der Bahre weg kaufte – der Grundstein für eine bemerkenswerte Karriere, die bis heute fortwirkt.

›DER WUNSCH ZU RETTEN‹

Ziel des Kaufmannssohnes und seines Bruders Melchiors war es möglichst viele altdeutsche und niederländische Tafelbilder vor dem Untergang zu bewahren. Die Säkularisation der Franzosenzeit zwang die Klöster und Kirchen Kölns, zahlreiche Kunstwerke zu veräußern, einige wurden beschlagnahmt, viele zerstört. Wie gering der Stellenwert dieser Gemälde war, wird in Boisserées Erinnerungen daran deutlich, wie sie das Bild nach Hause brachten: verschämt und heimlich, ›um Spottreden zu vermeiden‹. Später kaufte der bayrische König Ludwig I. den Brüdern Boisserée ihre Sammlung von über 200 Tafelbildern ab, um sie in der Münchner

> **Tipp**
> Unweit der Galerie erinnert ein Denkmal an den ›Gesellenvater‹ **ADOLPH KOLPING,** der in der Minoritenkirche gegenüber begraben liegt.

Alten Pinakothek auszustellen. Zuvor bereits begründete die Sammlung den Ruf der Brüder, die nicht nur Umgang mit Friedrich Schlegel pflegten, sondern auch mit Goethe befreundet waren. Den begeisterte Sulpiz Boisserée denn auch für ein weiteres großes Projekt, das ihm am Herzen lag: die Vollendung des Kölner Doms. Boisserée vermaß den Dom neu, gab Kupferstiche in Auftrag, die nach diesen Daten den vollendeten Dom zeigen sollten und warb damit bei Geldgebern und Freunden aus Kultur und Politik für das Projekt. Erfolgreich: 1842 gab Preußenkönig Friedrich Wilhelm sein Einverständnis zur Vollendung des Doms. Vier Jahre zuvor gründeten Sulpiz' Neffen Josef und Nikolaus Wilhelm die Galerie Boisserée, eine Kunsthandlung in der Minoritenstraße 11. Die Galerie existiert bis heute und ist damit eine der ältesten Kunsthandlungen der Stadt. Unweit der alten Adresse widmet sie sich allerdings nicht mehr der altdeutschen Malerei, sondern der Kunst des 20. und 21. Jahrhunderts.

KRONLEUCHTERSAAL (REGENÜBERLAUFWERK) ///
CLEVER STRASSE, ECKE THEODOR-HEUSS-RING ///
50668 KÖLN /// 02 21 / 22 12 66 00 ///
WWW.STADT-KOELN.DE/6/VERANSTALTUNGSKALENDER/00903/ ///

Er ist buchstäblich ein echtes Highlight in der Kölner Unterwelt. Inmitten der Kanalisation leuchtet der wahrscheinlich berühmteste Kronleuchter Kölns. Inzwischen wird das Regen-Entwässerungsbauwerk unter der Clever Straße deswegen auch Kronleuchtersaal genannt. Tatsächlich macht der alte Lüster inmitten des eleganten Ziegelsteinhalbrunds des 4,60 Meter großen Raumes einen eleganten Eindruck. Auf Bildern.

EIN KRONLEUCHTER FÜR DIE KÖLNER FÄKALIEN

Vor Ort schmälert der typische Kanalisationsgeruch den schmucken Gesamteindruck. Aufgehangen wurde der Leuchter angeblich bereits zur Einweihung 1890, denn Kaiser Wilhelm II. war eingeladen. Immerhin galt die damals neu erbaute Kölner Kanalisation als vorbildlich. Bis heute bilden die damals errichteten Kanäle das Herzstück der Kölner Stadtentwässerung. Im Saal selbst fließen die Abwässer der Kölner Ringe mit dem Abfangsammelbecken unter der Clever Straße zusammen.

Ausführender Ingenieur war der spätere Kölner Stadtbaurat Carl Steuernagel, bei dem sich technisches Denken und historisches Interesse kongenial verbündeten. Denn Steuernagel plante und baute nicht einfach nur ein neues Kanalsystem, er erforschte gleichzeitig das über Jahrhunderte ungenutzt gebliebene und in Vergessenheit geratene römische Abwassersystem Kölns und übernahm dessen Ideen und Errungenschaften, um sie in ein modernes Kanalnetz zu überführen. Mit Steuernagel beginnt auch eine Tradition, die in Köln Bauherren in der Altstadt gelegentlich in den Wahnsinn treibt.

> **Tipp**
> Oberhalb der Straße gibt es noch etwas Exotisches zu bewundern, nämlich eine österreichische Gastwirtschaft mitten in Köln: **GRUBERS RESTAURANT.**

Der Kanalbauer nutzte die Gelegenheit, die die Grabungen im Kölner Erdreich ihm boten, für umfangreiche archäologische Studien. Seine Arbeiten gemeinsam mit seinem Mitarbeiter Rudolf Schwarze brachten zahlreiche bahnbrechende Erkenntnisse über die Römerzeit Kölns. Auch heute kommen vor den Baggern in Köln meist erst die Archäologen mit ihren Schäufelchen, um zu sehen, was der seit 2000 Jahren besiedelte Boden der Stadt ihnen an Schätzen und Erkenntnissen bietet.

AM RHEINUFER

MARIENBURG /// 50996 KÖLN ///

>Ein weißes, unbewohntes Landgut, mit grünen geschlossenen Läden, inmitten eines alten Parks, der ungepflegt und verwildert dalag<. So beschrieb Ernst Leybolds Tochter Minna den Ort. Was klingt wie die Beschreibung eines verwunschenen Märchenschlosses, war in Wahrheit eine gar nicht allzu alte Villa mit großzügigem Park und Landwirtschaft. Sie bildete den Kern des vornehmen Stadtteils Marienburg.

›UNGEPFLEGT UND VERWILDERT‹

Für den Unternehmer Ernst Leybold war dieser Platz einer der schönsten Orte in der näheren Umgebung Kölns, die von Industrie- und Gewerbevororten wie Ehrenfeld oder Sülz bestimmt wurde.

Er kaufte die Marienburg mit allen Nebenflächen und plante eine repräsentative Villenvorstadt. Auf eigene Rechnung legte er Straßen, Kanalisation und sogar Gasleitungen an, parzellierte das Land großzügig, allein die Kölner interessierten sich nicht sonderlich für Leybolds kleines Paradies. Sie blickten eher nach Norden, die Rheinpromenade hinauf, zu Zoo und Flora. Der Süden war Bauernland. Schon nach fünf Jahren gab Leybold den privaten Wohnsitz in der Marienburg auf und zog zurück in die Stadt.

Aus der 1843 von dem Kaufmann Paul Hagen als Herrensitz erbauten Marienburg wurde ein Ausflugslokal – und wenn man die Kölner mit etwas locken kann,

> **Tipp**
>
> Wer im Halbdunkel durch den Südpark spaziert, sollte nicht erschrecken. Der **PANTHER**, der einem dort begegnet, ist eine Plastik des Bildhauers Fritz Behn.

dann mit Gastronomie. Nach kurzer Zeit wurde die Villa eines der beliebtesten Ausflugsziele der Stadt, eine eigene Pferdebahn aus Köln wurde eingerichtet und sogar Raddampfer liefen die Marienburg nun an.

In den Folgejahren entstanden rund um das ehemals so verwunschen wirkende Haus zahlreiche Villen unterschiedlichster Bautypen.

NUR DIE HAUSANGESTELLTEN DURFTEN ARBEITEN.

Die Wohnqualität des Viertels wurde en detail geregelt. Mit Ausnahme der Hausangestellten (versteht sich) durfte niemand im neu gegründeten Marienburgviertel einen Beruf ausüben, ein Gewerbe ansiedeln oder Handel treiben. Geld war in Marienburg natürlich trotzdem ausreichend vorhanden, wie ein Spaziergang durch die Straßen heute noch belegt.

RHEINAUHAFEN /// RHEINUFERSTRASSE /// 50678 KÖLN ///
02 21 / 3 48 99 13 /// WWW.RHEINAUHAFEN-KOELN.DE ///

Die Krinoline, ein Reifrock mit weit ausladenden Formen, kam um 1830 in Mode, seine weitesten Modelle besaßen um 1868 einen Saumumfang von bis zu acht Metern. Ein höchst unpraktisches Kleidungsstück, möchte man meinen. Allerdings bot die Krinoline auch einige schlagende Vorteile. Vor allem natürlich dann, wenn eine Frau viel zu transportieren hatte, was nicht jeder sehen sollte.

DIE KUNST DER KRINOLINE

Scholastika Lott, in Köln besser bekannt als Bolze Lott, wusste jedenfalls den üppigen Raum der Krinoline bestens zu nutzen. Denn unter dem Reifrock ließ sich Schmuggelware aus dem Hafen bestens verstecken und wehe einer der Zöllner am Rheintor wagte es, ihr unter den Rock zu schauen. Ihr loses Mundwerk war in der Stadt gefürchtet, die Zöllner allerdings bekamen auch ihre Schlagkraft zu spüren und ließen sie deswegen meist unbehelligt passieren. Vor ihrer Zeit als Schmugglerin verdiente sie sich ihren Lebensunterhalt als Kerzenmädchen. Sie verkaufte guten Christenmenschen Kerzen, die sie für sie in der nahe gelegenen Kirche entzündete. Da die aber irgendwann dahinter kamen, dass Scholastika es mit dem Entzünden nicht so genau nahm und die Kerzen lieber mehrfach verkaufte, versiegte diese Geldquelle. Nicht ohne mächtiges Fluchen der Lott.

Heute trennt nicht mehr das Rheintor den Hafen von der Stadt, sondern die vier- bis sechsspurige

In zwei Eingängen zur Tiefgarage unter dem Hafen entführt eine **KLANGINSTALLATION** in die Straßen der Kölner Partnerstädte Lüttich und Rotterdam.

Tipp

Rheinuferstraße. Zwielichtige Gestalten findet man in den zahlreichen modernen Bauten und restaurierten alten Gemäuern nur noch selten. Seit 1998 wurde der Hafen sukzessive zu einem der modernsten und teuersten Viertel der Stadt umgebaut. Drei Kranhäuser bilden den Blickfang zum Rhein hin, in den ehemaligen Lagerhallen des sogenannten Siebengebirges sind Luxuswohnungen entstanden. Nur noch die Dieselmotoren der anlegenden Schiffe stören manchmal den nächtlichen Schlaf. Zwar schreit und schlägt deshalb niemand um sich wie weiland Bolze Lott bei einer Kontrolle, aber ein paar faule Tomaten finden gelegentlich ihren Weg aus den Schlafzimmern der gut Betuchten auf die Rheinschiffer hinab.

SCHOKOLADENMUSEUM /// AM SCHOKOLADENMUSEUM 1 A /// 50678 KÖLN ///
02 21 / 93 18 88 16 /// WWW.SCHOKOLADENMUSEUM.DE ///

Seine erste Schokoladenmaschine kaufte Hans Imhoff auf dem Schwarzmarkt. 1972 landete er seinen großen Coup und übernahm die heruntergewirtschaftete Kölner Schokoladenfabrik Stollwerck. In den folgenden Jahren brachte er die Traditionsmarke nicht nur wieder nach oben, sondern bewies auch große Entertainerqualitäten. Mit dem Schokoladenmuseum erfüllte er sich einen Traum.

»GENUG GEQUATSCHT, JETZT JITT ET LECKER KÖLSCH«

Stollwerck war eine Kölner Traditionsmarke. 1839 hatte Franz Stollwerck mit der Herstellung von Hustenbonbons begonnen, 21 Jahre später erweiterte die Firma unter der Leitung seiner Söhne ihr Sortiment um Schokolade und Pralinen, die bis weit ins 20. Jahrhundert mitten in der Kölner Südstadt hergestellt wurden. 1972 übernahm Imhoff die Geschäftsleitung, 1986 wurde er Mehrheitsaktionär bei Stollwerck und spätestens ab da erinnerten die Jahreshauptversammlungen der Aktiengesellschaft eher an Karnevalssitzungen denn an nüchterne und zähe Pflichtveranstaltungen. So beendete er seine Reden gerne mit einem herzhaften »Genug gequatscht, jetzt jitt et lecker Kölsch«. Vermutlich dürften nirgendwo sonst so viele Aktionäre regelmäßig bei den Hauptversammlungen erschienen sein.

1993 erfüllte sich Imhoff einen Traum. Auf der Rheinauhalbinsel

> Wie man die zusätzlichen Schokoladen-Pfunde wieder abtrainiert, erfährt man gleich nebenan: Dort befindet sich das **DEUTSCHE SPORT- UND OLYMPIAMUSEUM**.

Tipp

eröffnete er am 1. Oktober das Schokoladenmuseum. Hier erfährt die wissbegierige Naschkatze alles, aber auch wirklich alles über Schokolade – von den ersten Schokoladen der Azteken über die Herkunft des Kakaobaums (in einem eigenen Tropenhaus kann man sich ihn auch anschauen) bis zur Herstellung der süßen Versuchung. Wem das nicht genügt, der kann immer noch staunend den Schokoladenbrunnen im Foyer bewundern. Nur auf Gedränge sollte man sich einstellen. Mit über 400.000 Besuchern im Jahr gehört das Schokoladenmuseum zu den zehn meistbesuchten Museen Deutschlands. Schokolade ist in der Kölner Südstadt auch nach über 170 Jahren immer noch ein Renner.

WECKSCHNAPP /// KONRAD-ADENAUER-UFER 69 A /// 50668 KÖLN ///

Es war einer der spektakulärsten Gerichtsprozesse, den Köln je erlebt hat. 1626 bezichtigt die Nonne Sophia Agnes von Langenberg Katharina Henot, hoch angesehene Witwe eines kölnischen Postmeisters, unter der Folter der Hexerei. Allein von Langenbergs Geschichte wäre herausragend genug gewesen. Im Gedächtnis aber blieb vor allem das Schicksal der Patrizierwitwe, das noch 2012 Thema im Beschwerdeausschuss des Rats war.

DIE VERKRÜPPELTE HAND

Am 11. Dezember führte der erzbischöfliche Hofrat Klage gegen Katharina Henot. Bereits zuvor machten Gerüchte die Runde, die Katharina der Hexerei bezichtigten. Grundlage waren vor allem die Aussagen Sophia Agnes von Langenbergs, einer Nonne, die ebenfalls angeklagt war, mit dem Teufel im Bunde zu stehen. Dabei galt sie bis wenige Jahre vor ihrem Tod vielen als Heilige, deren Gebete Menschen zu heilen vermochten.

Obwohl Henot und ihre Familie sich vehement und überzeugend gegen die Vorwürfe zur Wehr setzten, wurde sie am 19. Mai 1627 auf Melaten hingerichtet. Den Anklägern reichte schon die Tatsache, dass sie ihre Verteidigungsschrift mit der linken Hand verfasst hatte, als Beweis für ihr Bündnis mit dem Teufel. Noch auf dem Weg zu ihrer Hinrichtung versuchten sie damit,

> **Tipp**
> Weiter südlich, im Bayenturm am Rheinauhafen, befindet sich der FrauenMediaTurm, die umfassendste Bibliothek zur **EMANZIPATIONSBEWEGUNG**.

die aufgebrachte Menge auf ihre Seite zu ziehen. Doch Henot hielt nur ihre durch die Folter verstümmelte rechte Hand in die Höhe und erwiderte, dass sie damit wohl kaum mehr habe schreiben können.

Ihr Schicksal hat in Köln gleich mehrfach literarischen Niederschlag gefunden. Inhaftiert war Katharina Henot in einem der Wehrtürme der alten Stadtbefestigung, dem Frankenturm, der heute nicht mehr existiert. Von den als Gefängnis genutzten Türmen steht nur noch die kleine Weckschnapp, ein Seitenturm des früheren Kunibertstors, heute ein privates Wohnhaus. Der Sage nach stand das Türmchen früher im Rhein. Durch eine Falltür stürzten die Verurteilten hinab in einen tödlichen messerbewehrten Schacht und von dort weiter in den Strom.

MÜLHEIMER BRÜCKE /// 51063 KÖLN ///

Konrad Adenauer, Oberbürgermeister von 1917 (damals als jüngster Oberbürgermeister Deutschlands) bis 1933 und für einige Monate des Jahres 1945, ist in Köln für vielerlei Dinge berühmt. Aufs Klüngeln verstand er sich besonders. Dies zeigte sich auch bei einem Projekt, zu dem sich die Stadt Köln bei der Eingemeindung Mülheims verpflichtet hatte: dem Bau der Mülheimer Brücke.

KLÜNGELN MIT KOMMUNISTEN

Auf Adenauer gehen so unterschiedliche Projekte zurück wie die Anlage des Inneren und Äußeren Grüngürtels, der Bau der Kölner Messe und die Ansiedlung der Ford-Werke in Niehl. Aber auch das so genannte Kölner Brot, ein dem Roggenschwarzbrot ähnliches Schrotbrot, ließ er sich auf seinen Namen patentieren.

Am amüsantesten aber ist vielleicht die Anekdote, die sich um den Bau der Mülheimer Brücke 1927 strickt. Entgegen der Empfehlung der Baukommission, die eine Bogenbrücke favorisierte, wollte Adenauer die Brücke als Hängebrücke gebaut sehen. Der Hintergrund ist typisch kölsch: Die Tragseile sollten aus der Kölner Fabrik von Felten & Guillaume kommen, deren Direktor wie Adenauer der Zentrumspartei und ihrer Ratsfraktion in Köln angehörte.

Um dies durchzusetzen, war Adenauer auf die Stimmen der

> **Tipp**
>
> An der linken Rheinseite befinden sich Möglichkeiten zum **KLETTERN** an der Brücke. Die Routen haben die offiziellen Schwierigkeitsgrade IV- bis IX-.

Kommunisten angewiesen, nicht unbedingt die allerbesten Freunde des konservativen Oberbürgermeisters. Die Stadtlegende erzählt, dass Adenauer die Fraktion überzeugte, indem er ihnen erklärte, auch in Leningrad gebe es keine Bogenbrücken. Am 28. April stimmten die Kommunisten für Adenauers Vorhaben. Wie alle Kölner Rheinbrücken im Krieg zerstört, wurde die Mülheimer Brücke 1951 neu eröffnet.

Ihre Farbe, die später noch vier weitere Rheinbrücken schmücken sollte, ist übrigens als ›Kölner Brückengrün‹ bekannt und wurde eigens für die Mülheimer Rheinquerung entworfen. Pläne, etwa die Zoobrücke rot zu streichen, wurden von den Kölnern empört zurückgewiesen und verworfen.

Langel gilt als eines der unspektakulärsten Viertel Kölns und eigentlich ist es weniger ein Stadtviertel als vielmehr ein Dorf. Doch 1688 bot es ein echtes Spektakel. Noch zehn Jahre später erinnerte ein Flugblatt aufs Anschaulichste an das große Ereignis. ›Ein wunderliches Wasserthier‹, über vier Meter lang, schwamm da ›mit großem Gebrüll und Brautzen‹ den Fluss hinauf.

EIN WUNDERLICHES WASSERTHIER

Betrachtet man heute die Zeichnung, die das Flugblatt schmückte, drängt sich der Verdacht auf, ein Wal habe die Fischer von Langel in Erstaunen versetzt. Zwar schaffte es das Tier angeblich bis Basel, doch fand man seinen Körper schon kurz unterhalb Kölns mit mehreren Schussverletzungen tot auf. Über Jahrzehnte hielt man die Vorstellung, dass die Langeler wirklich einen Wal gesehen haben, für absurd. Erst 1966 änderte sich die Meinung, getreu dem Motto: Man glaubt nur, was man sieht. Denn in diesem Jahr schwamm erneut ein Wal den Rhein hinauf, der als ›Moby Dick‹ ein echtes Volks- und Medienspektakel nach sich zog. Zu seinem Glück ist der Schusswaffengebrauch in den vergangenen 300 Jahren seltener geworden. ›Moby Dick‹ schaffte es anders als sein Vorgänger mit heiler Haut zurück ins Meer.

> **Tipp**
>
> Zwischen Langel und Leverkusen-Hitdorf überquert eine bei Radfahrern beliebte, aber auch PKW bis 2,8 Tonnen transportierende **FÄHRE** den Rhein.

Langel veränderte sich durch den Wal kein bisschen und blieb im Herzen ein kleines Fischerdorf am Rhein. Gelegen zwischen dem Flussufer und der alten Römerstraße, die vom Nordtor des römischen Kölns aus der Stadt hinausführte, reichte es für Langel wie für das benachbarte Rheinkassel nicht einmal für eine eigene Verwaltungseinheit. Immerhin können die beiden nördlichen Stadtteile sich

IM HERZEN IMMER NOCH EIN KLEINES FISCHERDORF AM RHEIN

rühmen, zwei Landesherren gleichzeitig gedient zu haben. Als sogenanntes ›Kondominium‹ wurden die beiden Fischerdörfer vom Kölnischen Kurfürsten und dem Herzogtum Jülich-Berg gemeinsam verwaltet.

Um die Verwirrung komplett zu machen, findet sich im rechtsrheinischen Kölner Süden ein Dorf gleichen Namens.

KÖLSCHE STRASSEN

KLINGELPÜTZPARK /// KLINGELPÜTZ /// 50670 KÖLN ///

Vielleicht muss man Krimiautor sein, um bei einem morgendlichen Spaziergang durch den sonnigen Klingelpützpark an einen Serienmörder wie Peter Kürten zu denken. Denn so pittoresk der Name des Parks, so gefürchtet war jahrzehntelang der Ort. Unter der Adresse Klingelpütz befand sich zwischen 1835 und 1964 das städtische Gefängnis. Hier saßen Kriminelle ebenso ein wie Gefangene der Nazis.

DER VAMPIR VON DÜSSELDORF

Mit dem Klingelpützpark besitzt Köln einen raren, offenen und hellen Park inmitten der im Zuge der Industrialisierung des 19. Jahrhunderts komplett verbauten Altstadt, der die Grünanlagen um die Stadt und am Rhein ergänzt. Seinen Namen verdankt er der Familie Clingelmann, denen das Grundstück mit mehreren Brunnen (kölsch ›Pütz‹) gehörte, bevor es zunächst mit einem Kloster bebaut wurde. Der letzte Brunnen wurde 1951 zugeschüttet. Berühmt und berüchtigt wurde der Klingelpütz aber erst im 19. Jahrhundert, als die preußische Staatsregierung hier 1835 das erste moderne Gefängnis der Rheinprovinz errichtete.

Der Klingelpütz diente aber nicht nur als Gefängnis, sondern auch als Hinrichtungsstätte. Einer der prominentesten Häftlinge war Peter Kürten, berüchtigt als ›Vampir von Düsseldorf‹. Zwischen Februar und November 1929 ermordete der in Mülheim geborene Kürten in Düsseldorf acht Menschen mit Hammer, Dolch und Schere. Doch bereits 1923 tötete er bei einem Einbruch seinen ersten Menschen. Seine Biografie liest sich wie das Grundmodell einer Serienmörderhistorie: Vater Alkohol, Missbrauch in der Familie, erste Tiertötungen, Brandstiftung, überhaupt eine große Leidenschaft für

> Der Klingelpützpark gilt als eine der **BOULE-HOCHBURGEN** in Köln, auch wenn der Bouleplatz selbst strenggenommen nicht im Park liegt.

Tipp

Feuer und Tod. Ein fehlgeleiteter Brief erst brachte die Polizei auf Kürtens Spur. Kürten gestand und wurde in einem zehntägigen Prozess zum Tode verurteilt. Am 2. Juli 1931 wurde er im Klingelpütz hingerichtet. Heute ahnt man davon nur wenig an einem sonnigen Vormittag.

UNTER KRAHNENBÄUMEN /// 50668 KÖLN ///

Sie ist nur wenige hundert Meter lang, aber sie umweht der Hauch des Mythos: Die Straße Unter Krahnenbäumen. Hier, so heißt es, pulsierte das Herz der Domstadt, hier regierten die ungeschriebenen Gesetze der kleinen Leute, wie es Heinrich Böll einmal ausdrückte. Keine andere Straße symbolisiert so das ›kölsche Leben‹ wie sie. Doch heute sucht man den Mythos und das Leben hier vergeblich. Die Straße ist tot.

EINE STRASSE WIRD ZUM MYTHOS

Unter Krahnenbäumen wurde auf der Straße gelebt – im Sommer stand die Wohnzimmergarnitur auf dem Bürgersteig – und gefeiert, was in Köln oft genug ein und dasselbe ist.

Noch in den 1950er-Jahren fotografierte der Kölner Fotograf Chargesheimer hier städtisches Leben für seinen ersten großen Bildband, den er schlicht ›Unter Krahnenbäumen‹ betitelte: Fronleichnamprozessionen, Karnevalsfeiern, Straßenszenen, spielende Kinder, Menschen eben. Zuvor bereits wurde Chargesheimer bekannt, als er Bundeskanzler Konrad Adenauer für ein Spiegel-Titelbild porträtierte – eine Aufnahme, die mehr von einer Totenmaske denn von einem lebendigen Menschen besaß, weit entrückt von den Motiven in ›Unter Krahnenbäumen‹.

Chargesheimer, geboren, aufgewachsen und ausgebildet in Köln, liebte die Stadt und rieb sich an ihr,

> Den ein oder anderen Bildband Chargesheimers findet man noch im Buchhandel. Etwa in der **KUNSTBUCHHANDLUNG WALTHER KÖNIG** auf der Ehrenstraße.

Tipp

an der Nachkriegszeit und am Wiederaufbau. Sein letzter Bildband ›Köln 5 Uhr 30‹ zeigt eine menschenleere Betonwüste, die dem heutigen Bild des Gässchens ›Unter Krahnenbäumen‹ erschreckend ähnlich ist. Nur wenige alte Bauten sind erhalten, Menschen sieht man kaum auf der Straße. Manchmal klingt die Musik aus den Übungsräumen der Musikhochschule über die Straße und lässt die Stille nur noch stärker wirken.

Die Nord-Süd-Fahrt zerteilt die Straße gnadenlos, die alte Wohnbebauung wich in weiten Teilen funktionalen Bürogebäuden. Auf dieser Straße findet kein Leben mehr statt. Aber sie erinnert daran, dass es nicht nur der Krieg war, der Köln zerstört hat. Es waren (und sind manchmal) auch die Kölner selber.

Wie ein erkalteter Lavastrom aus grau-em Teer wälzt sie sich gut drei Kilometer lang mitten durch die Kölner Altstadt, zerschneidet auf einer Breite von bis zu 32 Metern alte, gewachsene Strukturen und gilt als die Bausünde schlechthin der Wiederaufbaujahre: die Nord-Süd-Fahrt, die eigentlich nur auf einem ganz kleinen Stück ihrer gut zweieinhalb Kilometer wirklich Nord-Süd-Fahrt heißt.

WIE EIN LAVASTROM AUS TEER

Erbaut wurde sie zwischen 1956 und 1972 unter der Maxime der auto-freundlichen Stadt, geplant war sie ursprünglich in kleinerem Maßstab als Trennlinie zwischen einzelnen gewachsenen Vierteln, deren Zentrum nicht die alten Kirchen, sondern die Schulen sein sollten.

»Nichts verbindet die Menschen mehr, als gemeinsam zur Schule gegan-gen zu sein«, argumentierte Rudolf Schwarz, Architekt, Stadtplaner und Anfang der 1950er-Jahre Leiter der Kölner Wiederaufbau GmbH. Nach seinen Planungen sollte die Straße auf den Grenzen der Viertel verlaufen, mit Hilfe der Ost-West-Achsen wie etwa der von den Nazis angelegten Verbreiterung rund um den Neu-markt, eine Art moderner Stadt-mauern bilden. Innerhalb dieser Mauern sollte Ruhe und Stille das Leben abseits des lärmenden Auto-verkehrs bestimmen. Aus heutiger Sicht mag man diese Ideen verdam-men, allerdings standen die Planer damals nicht so sehr vor den Trüm-

> **Tipp**
>
> In manchem hat Schwarz sein Ziel erreicht. Rechts und links der Nord-Süd-Fahrt liegen immer noch **WOHNLICHE KÖLNER VIERTEL,** wie das Kunibertsviertel im Norden oder das Pantaleons-viertel im Süden.

mern des romantisch verklärten, mittelalterlichen Kölns, sondern unter dem Eindruck der zugewucherten, durch Industrialisierung und dichteste Hinterhofbesiedelung bestimmten Stadt des späten 19. Jahrhunderts. Platz zu schaffen war eigentlich ein guter Gedanke.

Doch Schwarz kam nicht mehr dazu, seine Pläne umzusetzen. Nach seinem Abgang wucherte die Nord-Süd-Fahrt förmlich in die Breite: Aus den geplanten 18 Metern wurden 32 Meter im Durchmesser. Keine Stadt-mauer mehr, sondern ein kaum zu überwindender Fluss. Da tröstet es auch nicht, dass die Nord-Süd-Fahrt mit ihren 32 Metern genauso breit ist wie die römische Hohe Straße es fast 2000 Jahre zuvor war.

EIGELSTEINTORBURG /// EIGELSTEIN /// 50668 KÖLN ///

Als die Zöllner in der Eigelsteintorburg das riesige Käserad sahen, bestanden sie darauf, dass es zu verzollen sei. Unmöglich, dass sich so etwas jemand zum Eigenbedarf mitnahm! Doch Johann Arnold Klütsch, in Köln besser bekannt als ›Fressklötsch‹, weigerte sich auf seine Weise und bewies einmal mehr, dass er gewiss über eine gierige Raffinesse und außergewöhnliche Fähigkeiten verfügte.

ET FRESSKLÖTSCH-PLÄTZCHE

Vor den entsetzten Augen der Zöllner begann er das ganze Rad Holländer zu verspeisen und erst als er auch den letzen Käsehappen verschluckt hatte, durchquerte er das Tor. Ohne Zoll zu bezahlen, versteht sich.

Dies ist nur eine der zahlreichen Anekdoten, die den immensen Hunger und die ebenso beeindruckende Fähigkeit Klütschs illustrieren, feste wie flüssige Nahrung in unglaublichen Mengen in sich hineinzustopfen. Geboren wurde er 1778 in Köln und lebte über Jahre am Eigelstein 97, unweit der namensgebenden Torburg mit dem Denkmal des ›Kölsche Boor‹. Wenn er nicht gerade aß oder trank, verdiente sich der Fressklötsch seinen Lebensunterhalt als Althändler (Trödler) oder auch Taxator (Wertsachverständiger) der Stadt Köln.

Mit seinem Wohnort hatte der Fressklötsch, ob gewollt oder nicht, eine gute Wahl getroffen, um seiner

> **Tipp**
>
> Südlich der Torburg, in der Weidengasse, finden sich einige der **BESTEN TÜRKISCHEN RESTAURANTS** Kölns.

Passion für Essen und Trinken nachzukommen. Seit dem späten Mittelalter war der Eigelstein die Straße der Brauhäuser, vor allem die Studenten der umliegenden Bursen bildeten die Kundschaft und besonders zu Karneval ging es hier besonders hoch her.

Heute hat sich, unbeachtet von Touristen oder szenekundigen Kölnern, vor allem auf dem kleinen Platz zwischen Eigelsteintorburg und Ebertplatz eine lebendige Gastronomieszene entwickelt, die das kleine Straßenstück zu einem echten Zentrum für das Veedel macht. Insbesondere bei schönem Wetter tummeln sich zahlreiche Menschen im Schatten des Tores und dem Fressklötsch würde es mit Sicherheit auch heute noch hier gefallen.

IN DIESEM GEBÄUDE
BEFAND SICH VON
1911 BIS 1978
DAS DREIKÖNIGS-
GYMNASIUM
VORMALS MARZELLEN-
GYMNASIUM

EHEMALIGES DREIKÖNIGSGYMNASIUM ///
THÜRMCHENSWALL 48 – 54 /// 50668 KÖLN ///
HILTON HOTEL KÖLN /// MARZELLENSTRASSE 13 – 17 /// 50668 KÖLN ///

Adam Schall von Ball ist in Köln weitgehend unbekannt. Vielleicht trifft die Redewendung zu, dass es niemanden interessiert, wenn in China ein Sack Reis umfällt. Denn Ruhm erwarb der Jesuit, der in Köln das Dreikönigsgymnasium besuchte, ebendort. Zunächst führte sein Weg nach Rom und Lissabon. Von da ging er als Missionar ins Reich der Mitte, wurde dann sogar mächtigster Astronom am Hof des Kaisers von China.

DER ASTRONOM DES CHINESISCHEN KAISERS

Ein erstaunliches Leben! 1644 übernahm er als erster Europäer überhaupt die Leitung des kaiserlichen astronomischen Instituts und wurde später persönlicher Berater des Kaisers Shunzhi.

Doch als dieser starb, gaben die Chinesen Schall von Ball die Schuld am Tod ihres Kaisers. Er wurde zum Tode verurteilt, aber begnadigt, weil mehrere Naturkatastrophen als göttliche Missbilligung dieses Urteils ausgelegt wurden.

Das half ihm wenig, denn nun wurde er von Papst Alexander II. unchristlicher Umtriebe beschuldigt. Er starb 1666 hochbetagt in Peking.

Seine Schulzeit verbrachte er am ältesten Gymnasium Kölns, dem heutigen Dreikönigsgymnasium, das 1450 von dem Theologen Johannes von Kuyck am Eigelstein als Bursa Cucana gegründet wurde – eine Vorschule, die zum Besuch der Universität befähigen sollte. 1552 wurde die Schule von der Stadt übernommen und erhielt ein Gebäude an der Marzellenstraße, an dem die Bursa ihr Wappen mit den drei Kronen, dem Symbol der drei Könige, anbrachte, das ihr erstaunlicherweise erst 1911 mit dem neuerlichen Umzug an den Thürmchenswall ihren jetzigen Namen gab. Am Dreikönigsgymnasium unterrichtete der Physiker Georg Simon Ohm, hier lernten der spätere Erzbischof Maximilian von Bayern, Adolph Kolping oder der Schauspieler Daniel Brühl.

> **Tipp**
>
> Gegenüber des Hotels lohnt die alte **JESUITENKIRCHE** St. Mariä Himmelfahrt einen Besuch, einer der wenigen erhaltenen Barockbauten Kölns.

Heute befindet sich die Schule an der Escher Straße. Am ursprünglichen Standort der Schule in der Marzellenstraße, wo Schall von Ball gelernt hat, befindet sich das Hilton Hotel, in dessen denkmalgeschütztem Gebäude zuvor das Postscheckamt saß.

ALTES HISTORISCHES ARCHIV DER STADT KÖLN /// AM GEREONSKLOSTER 12 ///
50670 KÖLN /// 02 21 / 22 12 23 27 ///
WWW.STADT-KOELN.DE/5/KULTURSTADT/HISTORISCHES-ARCHIV/ ///

Der Wissenschaftler Wolfgang Herborn beschreibt Hermann Weinsberg: ein ›unbedeutender Ratsherr, mittelmäßiger Magister der Kölner Universität, nicht gerade erfolgreicher Advokat; ein privatisierender, unauffälliger Rentier, ein liebenswürdiger, kauziger Sonderling, ein fast krankhaft geiziger Mitbürger‹. Sein Erbe jedoch ist eines der wertvollsten historischen Zeugnisse der Stadt.

EIN BLICK IN DEN ALLTAG DES 16. JAHRHUNDERTS

Dennoch hat dieser Durchschnittsmensch Köln einen großartigen Schatz hinterlassen. Denn neben einer über weite Strecken fiktiven Familiengeschichte, die bis zu den Römern zurückreicht, schrieb Weinsberg ab 1560 bis zu seinem Tod 1597 Tagebuch. Diese insgesamt drei Tagebücher mit 2.500 Seiten erlauben einen einmaligen Blick in das damalige Alltagsleben der Stadt und ihre Gebräuche. So behandelt er nicht nur die großen Themen seiner Zeit, sondern berichtet ebenso von Festen sowie Familienstreitigkeiten. Pedantisch beschreibt er Kleidung und Einrichtungsgegenstände: ›Diesmal war meine Kleidung ein schwarzer langer Rock mit einem damastenen Abschlag und an den Ärmeln mit Samt besetzt, dazu einen lohfarbenen Paltrock aus Kamelot, rundum mit Samt besetzt‹.

Jahrzehnte lagerte dieser Schatz im Historischen Archiv Kölns. Seit dem 15. Jahrhundert bewahrte die Stadt wichtige und wertvolle Urkunden im Rathausturm auf. 1897 zog das Archiv in einen neugotischen Bau am Gereonskloster um und verblieb hier bis zur Neueröffnung des damals international wegweisenden Archivneubaus in der Severinstraße. Ein schöner Ort für das Buch Weinsberg, denn sein Autor hat hier

> Ein Stück die Bäche entlang kann man unter der schönen Adresse ›Alte Mauer am Bach‹ ein Stück der alten **RÖMERMAUER** besichtigen.

Tipp

gleich um die Ecke ›Im Blaubach‹ gewohnt, heute eine vierspurige Straße, damals eine etwas abseits liegende Adresse in Nachbarschaft der alten Römermauer. Doch im März 2009 stürzte das Archiv ein, vermutlich aufgrund der U-Bahn-Bauarbeiten nebenan, und begrub zwei Menschen und die Zeugnisse einer fast zweitausend Jahre währenden Stadtgeschichte unter sich.

ODEON-KINO /// SEVERINSTRASSE 81 /// 50678 KÖLN ///
02 21 / 31 31 10 /// WWW.ODEON-KOELN.DE ///
BLAUES HAUS /// SEVERINSTRASSE 120 /// 50678 KÖLN ///
02 21 / 4 71 32 39 /// WWW.BLAUES-HAUS.BIZ ///

Das breite Publikum erinnert sich an Trude Herr vermutlich vor allem als pummelige Ulknudel, deren Hit ›Ich will keine Schokolade‹ ihr 1960 zum Durchbruch verhalf. Doch man wird der Künstlerin Herr damit nicht wirklich gerecht. Vielen, die mit ihr arbeiteten, blieb sie vor allem als kompromisslos im Gedächtnis. Sie selbst strebte vor allem nach Anerkennung als ernsthafte Schauspielerin.

DIE UNBEUGSAME ULKNUDEL

Vielleicht hatte Trude Herr ihre Unbeugsamkeit von ihrem Vater. Der saß als Mitglied der Kommunistischen Partei unter den Nazis und auch in den frühen Jahren der Bundesrepublik fast ununterbrochen in Haft.

Ihre Karriere beginnt Trude Herr mit einer Büttenrede unter dem selbstbewussten Titel ›Das Wunderkind‹. Erste Statistenrollen bei einer Aachener Wanderbühne folgten, später kamen kleine Rollen im Millowitsch Theater dazu. Doch mit dem Millowitsch fremdelte die in Kalk geborene Schauspielerin. Weil ihr die Stücke nicht volksnah genug erschienen, gründete sie 1977 ihre eigene Bühne: das Theater im Vringsveedel. Als private Bühne ohne öffentliche Unterstützung kämpfte das Haus auf der Severinstraße trotz ausverkaufter Vorstellungen allerdings von Beginn an gegen knappe Kassen. 1986 musste Trude Herr ihr Theater schweren Herzens schließen und zog kurze Zeit später auf die Fidschi-Inseln.

Tipp

Wer Theater vorzieht: Das Blaue Haus auf der Severinstraße spielt in einem kleinen ehemaligen Ladenlokal Stücke für **KINDER JEDEN ALTERS**.

Ihr Theater wurde 1987 wieder zu dem, was es zwischen den 1950er und 1970er-Jahren bereits war: ein Kino. 1955 eröffnete am Platz der alten Vrings-Oper das Rhenania-Lichtspiel. Mit dem großen Kinosterben in den 1970er-Jahren ging auch das Rhenania pleite. Heute jedoch, nach einem neuerlichen Umbau vor einigen Jahren, ist das Odeon nicht nur eines der wenigen erhalten Viertelkinos in Köln, sondern auch ein Arthaus-Kino mit anspruchsvollem Programm und sträflich unterschätztem Biergarten im Hinterhof.

HAUS BALCHEM /// SEVERINSTRASSE 15 /// 50678 KÖLN /// 02 21 / 32 72 82 ///
WWW.STADT-KOELN.DE/BUERGERSERVICE/ADRESSEN/00315/ ///

Mit seiner beeindruckenden Barockfassade und dem hohen verzierten Spitzgiebel ist das Haus Balchem (nicht zu verwechseln mit Haus Bachem im Griechenmarktviertel) eines der markantesten und schönsten Häuser in der Severinstraße. Wer vor ihm steht, könnte glauben, es stünde schon seit über 300 Jahren unverändert an seinem Platz. Doch auch Haus Balchem fiel den Bombennächten des Krieges zum Opfer.

DAS PATCHWORK-HAUS

Ursprünglich stand an dieser Stelle eine Schmiede, die der Kölner Braumeister und Ratsherr Heinrich Deutz 1670 erwarb und in den folgenden Jahren zu einem repräsentativen Barockbau umgestalten ließ. Die Kölner Stadtlegende berichtet, Deutz habe sich ein Haus bauen wollen, von dem aus er die Handelsschiffe am Rhein habe sehen können. Er musste also insbesondere in die Höhe bauen und tatsächlich ist der hohe, spitze Giebel eines der Merkmale des Gebäudes.

Wie zahlreiche andere repräsentative Stadthäuser dieser Zeit schmückte auch Deutz sein Haus mit einem prächtigen Erker, für den er eine Sondergenehmigung der Stadt brauchte. Im Erdgeschoss eröffnete er nach Fertigstellung die Gaststätte ›Zum Goldenen Bären‹, ein Treffpunkt für das gehobene Publikum der Stadt, für Ratsherren und Zunftmeister. Nachdem Deutz 1697 starb, führten seine Erben die Gaststätte als ›Deutzer Brauhaus‹ fort, erst im 18. Jahrhundert erwarb die Familie Balchem das Gebäude, das heute ihren Namen trägt.

Nur die Fassade und ein Teil der Randmauer überstanden die Bombennächte des Zweiten Weltkrieges. In den 1950er-Jahren begann man mit dem Wiederaufbau. Da die Inneneinrichtung vollständig zerstört war, sammelte man alte Treppen, Böden, Türen aus anderen Kölner Bürgerhäusern und verbaute sie im Haus Balchem, sodass das Gebäude heute hinter seiner originalgetreu wiedererrichteten Fassade ein Sammelsurium Kölner Bausubstanz vereint – ein echtes Patchworkhaus also.

> **Tipp**
>
> Natürlich lohnt der Weg zur alten romanischen Kirche **SANKT SEVERIN,** die dem Severinsviertel (Vringsveedel op kölsch) seinen Namen gab.

SEVERINSTORBURG /// CHLODWIGPLATZ 2 /// 59678 KÖLN ///

Das Schauspiel des Reiterkorps Jan von Werth an Altweiberfastnacht gehört zum Kölner Karneval wie der Rosenmontagszug. Für viele Kölner beginnen mit ihm die sechs tollen Tage erst so richtig. Erzählt wird die Geschichte vom Reitergeneral Jan und der Magd Griet jedes Jahr an der Severinstorburg, dem südlichen Tor der alten Kölner Stadtmauer.

»WER ET HÄTT JEWOSS«

Auf dem Kölner Kümpchenshof, so die Sage, hielt Jan um ihre Hand an, doch Griet war der Knecht nicht gut genug. Jahre später saß die Magd an der Severinstorburg und verkaufte Äpfel, als der Verschmähte, inzwischen ein berühmter General, feierlich in die Stadt einzog. Es entwickelte sich der vermutlich berühmteste Dialog der Kölner Sagenwelt: »Griet, wer et hätt jedonn!« – »Jan, wer et hätt jewoss!«

Auf gut Deutsch: »Hättest Du damals doch ›Ja‹ gesagt!« und »Hätte ich mal gewusst, was aus Dir

> »Du bist noch nicht an **SCHMITZ BACKES** vorbei«, hieß es früher, wenn einem Kölner Ärger bevorstand. Die Bäckerei neben dem Severinstor existierte bis heute.

Tipp

noch wird!« Pech gehabt, könnte man meinen. Aber Jan von Werth war vielleicht nicht die Heldengestalt, zu der die Legende sie macht.

Dem Kaiser jedenfalls war sein bester Reitergeneral zu grobschlächtig. Bevor er in kurkölnische Dienste trat, diente der vom Niederrhein stammende, kampferprobte General im spanischen Heer. Seinen Soldaten war er als Kriegsheld ein Vorbild, versprach seine Geschichte doch etwas, was in kriegerischen Zeiten und Ländern Männern oft als die einzige Möglichkeit offen steht: Karriere durch Gewalt.

Verbürgt ist sein festlicher Empfang und man kann davon ausgehen, dass von Werth tatsächlich durch das Severinstor in Köln einzog. Denn dies war das Empfangstor der Stadt. Das mit einem sechseckigen Turmaufbau im 13. Jahrhundert erbaute Bollwerk ist eines der drei erhaltenen Stadttore Kölns. Vor wenigen Jahren fand man bei Ausgrabungen die Erweiterungsbauten des 17. Jahrhunderts. Diese Bauten trugen mit dazu bei, dass Köln zwar durch Waffenherstellung und -handel rege am Dreißigjährigen Krieg verdiente, selber aber nie besetzt wurde.

Heute ist die Schildergasse eine der meistbesuchten Einkaufsstraßen Deutschlands und wer die vornehmlich durch Filialen
großer Ketten geprägte Straße entlangläuft, entdeckt kaum
noch etwas von ihrer langen Geschichte. Dabei ist die Schildergasse zwar nicht die schönste oder urtümlichste Kölner Straße,
aber eine der ältesten. Neben der Hohe Straße war sie die zwei-
te Hauptstraße des römischen Kölns.

ÜBERBAUTE GESCHICHTE

An ihrem östlichen Ende lag mit dem Forum das Zentrum der römischen
Stadt. Einen letzten Rest dieser fast 2000 Jahre alten Bauten kann man im
Untergeschoss der Hausnummer 60 (heute C&A) besichtigen.

Über die weitere Geschichte der Schildergasse in den folgenden acht
Jahrhunderten finden sich nur wenige Anhaltspunkte. Die Grabungs-
funde unter der Straße stifteten eher Verwirrung und
ließen nicht einmal Rückschlüsse auf den Straßenverlauf selber zu. Erst ab 1218 verzeichnen die Kölner
Schreinsbücher einige Feudalbauten, zum Beispiel den Hof Merzenich,
der etwa auf Höhe der Hausnummern 49/51 zu finden war. Ihren Namen erhielt die Straße, weil sich im Mittelalter hier die Maler niederließen.
Diese arbeiteten vor allem als Wappen(schilder)-maler, daher der Name.
Aber nicht nur sie schätzten die Schildergasse. Auch die Zunft (Gaffel)
der Brauer hatte hier ab 1494 ihr Zunfthaus.

ALTE RÖMISCHE HAUPTSTRASSE

Später standen an der Schildergasse neben einem berühmten Vaude-
ville-Theater auch das Polizeipräsidium und ein Frauengefängnis. In der
Verlängerung zum Rhein hin befindet sich Kölns Festsaal, der Gürzenich, wo Karl Marx sein Kommunistisches Manifest verkündete. Entlang der Schildergasse findet sich eines der
ältesten deutschen Kaufhäuser von Leonhard Tietz und
mit der alten Klosterkirche der Antoniter nicht nur eine Erinnerung an
die zahlreichen Klöster Kölns, sondern auch die erste Kirche, in der die
Kölner Protestanten ihren Gottesdienst feiern konnten.

DIE STRASSE DER MALER

Später sorgten unweit davon die Kölner Dadaisten für einen Skandal. Auch im Mai 1968 sorgte ein Happening auf der Schildergasse für
Ärger: Menschen küssten sich öffentlich! O tempora, o mores!, will der
Römer da wohl ausrufen. Heute ist die Schildergasse eine der teuersten und meistbesuchten Einkaufsstraßen Deutschlands. In Spitzenzei-
ten am Samstagmittag zählt man 15.000 Menschen auf der Straße – pro
Stunde!

Die Schildergasse endet am Neumarkt, wo 1823 der erste offizielle Rosenmontagszug stattfand. Die alte römische Straße führte auf der Nordseite des Neumarkts weiter bis zum Westtor der Stadt ungefähr auf der Höhe von Sankt Aposteln. Folgt man dem Straßenverlauf über den Neumarkt hinweg, führt die Mittelstraße direkt zum Hahnentor.

MEIST BESUCHTE EINKAUFSSTRASSE Hier übergab Kölns Bürgermeister von Haaspe den Franzosen 1794 die Schlüssel der Stadt und beendete damit eine 800 Jahre währende Zeit, in der Köln jedem Angriff von außen widerstand. Die Mittelstraße selber gibt sich deutlich exklusiver als die Schildergasse. Allerdings lohnt sich ein Spaziergang insbesondere in den nördlichen Seitenstraßen, wo sich zahlreiche kleine Geschäfte und Boutiquen eingenistet haben.

Das jüngere Publikum allerdings wird wohl eher im Belgischen Viertel hinter der Hahnentorburg fündig. Tagsüber beim Einkaufen in zahlreichen hippen Boutiquen, abends in einer der vielen Bars, die das Viertel zu einem der Ausgehzentren der Stadt gemacht haben.

Bleibt man jedoch auf der Verlängerung der Schildergasse und überquert den Rudolfplatz, kommt man auf die Aachener Straße, die ehemalige Via Belgica der Römer und bis heute die zentrale der sternförmig aus der Stadt hinausführenden Ausfallstraßen. Kurz hinter dem Rudolfplatz liegt das Millowitsch-Theater, das wohl berühmteste Theater der Stadt. Die Straßennamen in der Umgebung wie Richard-Wagner-Straße oder Händelstraße erinnern daran, dass zwischen Hahnentor und Millowitsch bis zum Zweiten Weltkrieg die Kölner Oper ihren Platz hatte.

Gegenüber des Millowitsch wurde vor einigen Jahren der Bürgersteig verbreitert. Eine ebenso simple wie geniale Idee, entstand so doch neben dem Verkehr ein von Gastronomie geprägter, wenn auch kurzer Boulevard, der zum Verweilen einlädt.

GÜRZENICH /// MARTINSTRASSE 29 – 37 /// 50667 KÖLN /// 02 21 / 8 21 21 21 ///
WWW.KOELNKONGRESS.DE/WDEUTSCH/LOCATIONS/GUERZENICH/INDEX.PHP ///

Einst stand der Gürzenich für Macht, Pracht und Reichtum der freien Reichsstadt Köln. Erbaut zwischen 1441 und 1447 auf einem Grundstück der namensgebenden Patrizierfamilie diente das gotische Bauwerk der Stadt als Repräsentations- und Festsaal. Hier wurden die Ehrengäste der Stadt empfangen, hier feierten die Reichen und Schönen Kölns. Im unruhigen Jahr 1849 erreichte die Revolution auch den Gürzenich.

REPRÄSENTATIONSSAAL FÜR DIE REVOLUTION

1474 und 1486 luden die Kaiser Friedrich III. und Maximilian I. zu festlichen Empfängen. 1531 bot der Gürzenich dem Kurfürstentag eine prachtvolle Bühne, doch dann begann mit dem Niedergang der Stadt auch der Niedergang ihres Festsaales. Ab Mitte des 17. Jahrhunderts wurde er als Waren- und Kaufhaus genutzt und erst 1821 begann mit den Maskenbällen zu Karneval ein Wiederaufstieg des Gürzenich. Immer noch aber feierten die Reichen und Schöne hier ihre Feste.

Umso erstaunlicher war, was am 6. Mai 1849 im Gürzenich geschah. Der 30-jährige Karl Marx, kurz zuvor erst aus dem Exil zurückgekehrt und als Herausgeber der Neuen Rheinischen Zeitung einer der Köpfe der Revolution im Rheinland, verkündete hier – im Prunksaal des bürgerlichen Kölns – das Kommunistische Manifest. Die Zuhörer rissen ihm den Text förmlich aus den Händen. Bereits im Vorjahr gründete sich im Gürzenich der Demokratische Arbeiterverein, dessen Sitzungen Marx leitete. Nur drei Monate nach dem 6. Mai musste Marx Köln zum zweiten Mal verlassen, nachdem er bereits 1843 ins Exil nach Paris gehen musste. Die preußische Verwaltung erklärte ihn zum Staatenlosen und wies ihn aus.

> Vom Gürzenich ist es zu Fuß nur ein Katzensprung zum **HEUMARKT**, den Casanova einst als schönsten Platz im Herzen Europas bezeichnete.
>
> **Tipp**

Heute ist der Gürzenich wieder Kölns Festsaal – nach Kriegszerstörung in einer unvergleichlichen Kombination aus altem Mauerwerk und elegant-leichtem Innenausbau erneuert, verbunden durch große Fenster mit dem Mahnmal der gleich nebenan liegenden Kirchenruine Sankt Alban. Ein Festsaal mit Blick auf die Zerstörungen des Krieges. Marx hätte das vermutlich gefallen.

KAUFHOF /// HOHE STRASSE 41 – 53 /// 50667 KÖLN /// 02 21 / 22 30 ///
WWW.GALERIA-KAUFHOF.DE/FILIALEN/KOELN-HOHE-STRASSE/ ///

Seine Karriere begann nicht in Köln, sondern mit einem kaum 25 Quadratmeter großen Textilgeschäft in Stralsund. 1889 verwirklichte Leonhard Tietz einen Traum und eröffnete das erste deutsche Kaufhaus nach französischem Vorbild, allerdings nicht in Köln, sondern in der damaligen Industriemetropole Wuppertal. Dennoch ist sein Name bis heute mit Köln verknüpft, denn die Nachfolgefirma Kaufhof AG sitzt in der Domstadt.

VON STRALSUND NACH KÖLN

Im Jahr 1891 verlegte Tietz seinen Firmensitz in die wirtschaftlich aufblühende Rheinmetropole und eröffnete ein Kaufhaus an der Hohe Straße. Den legendären Jugendstilbau mit Galerie ersetzte in den Jahren 1912 bis 1914 an gleicher Stelle, auf der Ecke Hohe Straße und Schildergasse jenes Kaufhaus, das noch heute an diesem Platz existiert. Die sehenswerten Bildhauerarbeiten stammen von Johannes Knubel und geben dem Haus bis heute ein meist unbeachtetes, aber klassische Antlitz.

Tietz' Erfolg basierte nicht nur auf der Idee eines Kaufhauses mit gleich mehreren Abteilungen, wo der Kunde alles, was er suchte, an einem Ort finden konnte, sondern auch auf damals völlig neuartigen Gedanken wie festen Preisen und Umtauschrecht. Zuvor hatten Händler und Kunde den Preis für eine Ware meist langwierig ausgehandelt. Tietz vereinfachte das Einkaufen.

Doch was damals erfolgreich war, funktioniert heute nur noch bedingt. Einkaufen muss nicht mehr

> Wer's internationaler mag, findet sein Shopping-Paradies vielleicht eher im **ENGLISH SHOP,** gleich um die Ecke: An Sankt Agatha 41.

Tipp

so sehr einfach sein und schnell gehen, sondern Erlebnis, sodass mancher bereits das Ende der alten Kaufhäuser kommen sieht.

1914, kurz nach Fertigstellung des Kölner Hauses, starb Leonhard Tietz. Sein Sohn Alfred Leonhard führte die Geschäfte der Leonhard Tietz AG fort, bis 1933 die Nazis an die Macht kamen und die jüdische Familie ihre Anteile unter Wert verkaufen mussten. Damals erhielt der Kaufhof seinen heute noch gültigen Namen. Nach dem Krieg wurde die Familie mit 5 Millionen Mark entschädigt. Das Schicksal teilte Alfred Leonhard mit den Hertie-Gründern, seinem Großonkel Hermann und Onkel Oscar.

32-34

ABSOLUT

KÖLNBÄDER
Gebäudemanagement

Zahnarztpraxis
Udo Jansen

Ursprünglich sollte die Ausstellung im Kölner Kunstgewerbemuseum am Hansaring stattfinden, doch die Kölner Museumsszene intervenierte erfolgreich, sodass sich die DADAisten um Max Ernst in die Schildergasse 32 trollten, damals das Brauhaus Winters. Doch auch hier sorgte ihre Ausstellung für einen Skandal. Schon allein der Weg in den Lichthof, wo die Ausstellung stattfand, war eine Provokation.

KUNST IM BRAUHAUS

Das kunstinteressierte Publikum wurde durch die Pissoirs der Gaststätte in die Ausstellung geführt und obendrein vorbei an einem Mädchen im Kommunionskleid, das zotige Gedichte vortrug. Innen stellte Ernst den Besuchern eine Axt zur Verfügung, mit der sie unliebsame Kunstwerke zerstören konnten.

Die Provokation aber war mehr als nur das: Unter dem Eindruck der schrecklichen Erlebnisse im Ersten Weltkrieg (Ernst nahm als Leutnant am Krieg teil) hielten die Künstler des DADA eine moralische Umwälzung für dringend notwendig und wollten durch Provokation die hergebrachten Vorstellungen hinterfragen.

Nur wenige Tage nach Eröffnung ließ die Kölner Polizei die Ausstellung wegen pornografischer Inhalte erneut schließen. Allerdings setzten sich die Künstler vor Gericht durch. Bereits einen Tag später verkündeten sie lautstark ihren Triumph und der Lichthof wurde wieder geöffnet. Das Werk, das die Polizisten beanstandet hatten, hatte sich als eine Kopie des Dürer-Stichs ›Adam und Eva‹ entpuppt, die Ernst in ein eigenes Werk integriert hatte.

> **Tipp**
>
> Einige Häuser weiter, im Kellergeschoss des C&A, findet sich ein kleiner Rest des **ANTIKEN RÖMISCHEN FORUMS**.

Nur zwei Jahre später endete die Zeit des DADA in Köln. Max Ernst verließ die Stadt in Richtung Paris, wo er auf die Surrealisten um André Breton und Salvador Dalí traf.

An der Stelle, an der damals das Brauhaus Winters beheimatet war, steht heute einer der zahlreichen gesichtslosen Neubauten der Schildergasse. Unten kauft man ein, in den oberen Stockwerken befinden sich Büros. Zeitgenössische Kunst findet man heute eher in den Galerien, etwa der Sankt-Apern-Straße.

ANTONITERKIRCHE /// SCHILDERGASSE 57 /// 50667 KÖLN ///
02 21 / 92 58 46 15 /// WWW.ANTONITERCITYKIRCHE.DE ///

Abseits der Schildergasse liegt einer der schönsten Plätze Kölns. Zwischen den alten Mauern der Antoniterkirche, der Glasfassade des angegliederten Cafés Stanton und dem eleganten Schwung des etwas großspurig ›Weltstadthaus‹ genannten Kaufhauses gegenüber sitzt man zwischen Olivenbäumen und bestaunt wahlweise die alten Pilaster der Kirche, die modernen Fassaden oder die Einkäufe der Sitznachbarn.

DER KÖLNER TOLERANZSTREIT

Dass die kleine, ein wenig unscheinbar wirkende alte Kirche nebenan historische Bedeutung hat und ein paar Fragen bezüglich der gerne betonten Kölner Toleranz aufwirft, wissen nur die wenigsten.

Über Jahrhunderte war es den Protestanten in Köln nicht gestattet, ihre Religion auszuüben. Lange Zeit durften sie hier nicht einmal wohnen. 1787 bemühte sich der Kölner Bürgermeister Franz Jakob Joseph Freiherr von Hilgers darum, ihrer Bitte um die Möglichkeit stiller Religionsausübung eine Mehrheit im Stadtrat zu verschaffen. Hilgers war selber zwar kein Protestant, wusste jedoch um die Bedeutung der wachsenden Gemeinde.

Tatsächlich gelang es ihm, den Rat der Stadt zu einer Erlaubnis zu bewegen. Was Hilgers unterschätzte, war die Engstirnigkeit Kölns. Der Zustimmung des Rates folgte eine Protestwelle von Erzbischof, Zünften und Kölner Bürgern, sodass die Genehmigung zwei Jahre später zurückgenommen wurde. Berühmt wurde diese wenig rühmliche Episode als Kölner Toleranzstreit. Erst 15 Jahre später erhielten die Protestanten in Köln ihre erste eigene Kirche. Allerdings nicht von den Kölnern, sondern von den Franzosen, die

> **Tipp**
>
> Die Kirche wurde vor kurzem renoviert. Im Innern schwebt der berühmte **BARLACH-ENGEL**, eine (freischwebende) Statue des Künstlers Ernst Barlach.

in der Stadt damals das Sagen hatten: Sie übergaben der evangelischen Gemeinde die im 14. Jahrhundert erbaute ehemalige Klosterkirche des Antoniterordens. Aufgrund ihrer exponierten Lage an Deutschlands meistfrequentierter Einkaufsstraße ist sie heute die bestbesuchte Kölner Kirche neben dem Dom, außerdem war sie Taufkirche der NS-Widerstandskämpferin Freya von Moltke.

NEUMARKT /// 50667 KÖLN ///
KÖLNER KARNEVALSMUSEUM /// MAARWEG 134 – 136 /// 50825 KÖLN ///
02 21 / 5 74 00 76 /// WWW.KK-MUSEUM.DE ///

Heute zieht der Kölner Rosenmontags- zug als kilometerlanger Lindwurm ein- mal quer durch die Stadt, doch in den ersten Jahren war seine Strecke bedeu- tend kleiner: Er umkreiste lediglich den Neumarkt. Zentrale Figur war damals der Held Carneval, der mehr an den in Köln immer populären Kaiser (als Schutzherr der freien Reichsstadt) und weniger an einen Prinzen erinnerte.

DIE THRONBESTEIGUNG DES HELDEN CARNEVAL

Im Mittelalter muss der Kölner Karneval eine wüste Angelegenheit ge- wesen sein. In ungeordneten Zügen ging es quer durch die Stadt, Rau- fereien mit tödlichem Ausgang waren an der Tagesordnung. Dass die französischen Besatzer 1801 die Karnevalsumzüge dennoch gestatteten, mag überraschen, die Preußen waren deutlich reservierter. 1823 gründete sich deshalb das ›Fest(ordnende) Komitee‹, um den Karneval in Köln neu zu organisieren. Neben Masken- bällen (vor allem für das bürger- liche Publikum) gab es auch einen großen Umzug mit dem Held Car- neval. Gespielt wurde der Held in den ersten sieben Jahren von dem Kaufmann und Kölnisch-Wasser-

> **Tipp**
>
> Den Wagen des Helden Carne- val können Sie als Nachbildung neben zahlreichen anderen Expo- naten im Braunsfelder **KARNEVALS- MUSEUM** bewundern.

Fabrikanten Emanuel Ciolina Zanoli, dessen Großonkel aus Italien ein- gewandert war. Zanoli selber übernahm 1818 den Familienbetrieb, den sein Großonkel gegründet und gegenüber von Farina angesiedelt hatte.

Der Neumarkt entstand in seiner jetzigen Form im 11. Jahrhundert am damaligen Stadtrand an der Südseite der römischen Hauptstraße und diente vor allem Veranstaltungen, die Platz brauchten und mit Unan- nehmlichkeiten für die Anwohner verbunden waren, was besonders für Viehmärkte galt: So war er über Jahrhunderte vor allem eine innerstäd- tische Wiese. 400 Jahre später fanden erste Schützenfeste auf dem Neu- markt statt. Auch wenn der Platz an Renommee gewann, blieb er der Festplatz der Stadt. In der Franzosenzeit stand hier der Baum der Re- publik, die Preußen errichteten kurzzeitig einen Triumphbogen auf dem Platz. Heute ist das markanteste Merkmal Claes Oldenburgs berühmte Eistüte.

GROSSER GRIECHENMARKT /// 50676 KÖLN ///

Als wäre es vergessen worden, steht Haus Bachem neben Agrippabad und Umspannwerk und gegenüber eines Parkplatzes mitten im Griechenmarktviertel. Das Haus mit dem charakteristischen Doppelgiebel, das auch von Kölnern gerne mit dem ähnlich genannten Haus Balchem in der Severinstraße verwechselt wird, war ursprünglich der Hof eines erzbischöflichen Kämmerers aus dem 16. Jahrhundert.

EINE ZEITREISE IN DIE 1960ER-JAHRE

Als fast einziges Haus rund um den Griechenmarkt hat es den Feuersturm des Zweiten Weltkrieges überlebt. In den engen, dicht bebauten Gassen mit den alten Häusern breiteten sich die Flammen der Bombennächte in rasender Geschwindigkeit aus und ließen nichts außer Schutt zurück – und das Haus Bachem. In den Nachkriegsjahren wurde das Viertel neu aufgebaut.

Tipp

Wo heute die Feuerwache Agrippastraße steht, erinnert eine Gedenktafel an den Kölner Mundartdicher **KARL BERBUER**, der hier geboren wurde.

Dabei blieb die kleinteilige Parzellierung weitgehend erhalten, sodass sich ein Großteil des alten Charmes wieder einstellen konnte.

Wobei der Begriff Charme umstritten sein könnte, genoss die Bevölkerung des Viertels doch einen recht zwiespältigen Ruf, auch wenn hier am Großen Griechenmarkt der Komponist Jaques Offenbach geboren wurde. Zu Anfang des 20. Jahrhunderts war das ›Veedel‹ ein Arme-Leute-Viertel. Schick ist es zum Glück auch heute nicht.

Wer Straßen wie die Schemmer- oder Schartgasse entlangspaziert, könnte jedoch glauben, auf Zeitreise zu sein – zurück in die 1960er-Jahre. So still und friedlich, wie sich der Stadtplaner Rudolf Schwarz die Kölner Viertel abseits des Autolärms gewünscht hat, liegt das Griechenmarktviertel heute mitten in der Stadt. Ein Viertel für Entdecker, das aber möglicherweise gar nicht entdeckt werden will. Denn irgendwie liegt es zwar mitten im Herzen der Stadt, aber doch irgendwie ein wenig abseits des kölschen Lebens, sein Herz bildet es also nicht. Vielmehr prägen Eigelstein und Vringsveedel, in neuerer Zeit Belgisches Viertel oder Friesenviertel das Bild der rheinischen Metropole. So entstand im Wiederaufbau ein Viertel, das auch heute noch ein Stück weit vergessen wirkt.

EIN STILLES VIERTEL IM HERZEN DER STADT

KÖLNISCHER KUNSTVEREIN ›DIE BRÜCKE‹ /// HAHNENSTRASSE 6 ///
50667 KÖLN /// 02 21 / 21 70 21 /// WWW.KOELNISCHERKUNSTVEREIN.DE ///

Wilhelm Riphahns Bauten – von den Siedlungen in Mauenheim, Zollstock oder Buchforst über die Bastei am Rhein, den UFA-Palast am Ring bis zur mächtigen Oper am Offenbachplatz – prägen heute das Bild Kölns. Neben der Oper sind die Gebäude an der Hahnenstraße mit dem ehemaligen British Council ›Die Brücke‹ die bekanntesten Werke des Kölners. Heute trifft hier moderne Kunst auf Architektur der 50er-Jahre.

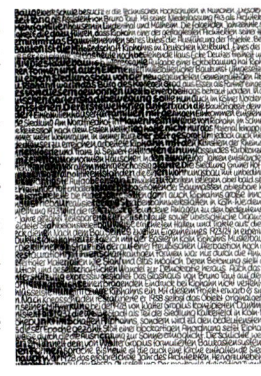

DER ARCHITEKT DES NEUEN KÖLN

In Rudolf Schwarz' Planungen zum Wiederaufbau findet sich viel Gedankengut Riphahns wieder, und wer auf der Hahnenstraße vom Neumarkt zum Rudolfplatz spaziert, geht an einem der geschlossensten Riphahn-Ensembles in der Innenstadt vorbei.

Riphahns Pläne stutzten die Hahnenstraße wieder auf ein Normalmaß zurück. Die Nazis planten sie als 70 Meter breite Hauptachse der Innenstadt, die bis zum Aachener Weiher und einem dort anzulegenden Aufmarschplatz verlängert werden sollte.

Riphahn, als Sohn eines Bauunternehmers 1889 in Köln geboren, konnte mit derlei Größenwahn nicht viel anfangen. Vermutlich auch deswegen beauftragte ihn die britische Regierung mit den Planungen für das British Council. In den 1920er Jahren experimentierte Riphahn mit expressionistischen Formen, später verband er geschickt Funktionalität, Nüchternheit und repräsentativen Glanz. So verwundert es kaum, dass er nicht nur öffentliche Bauten verwirklichte, sondern auch Bürogebäude, die Oper, Kinos und Privathäuser.

›Die Brücke‹ beherbergt heute den Kölnischen Kunstverein, der bereits 1839 von Kölner Bürgern gegründet wurde und im ersten Jahr schon 1.300 Mitglieder zählte. Eigentlich war das ehemalige British Council

Das ehemalige British Council beherbergt auch einen Kinosaal, in dem der **FILMCLUB 813** eines der engagiertesten Filmprogramme Kölns anbietet.

Tipp

nur provisorische Heimat während der Bauzeit des neuen Kulturzentrums auf der anderen Seite des Neumarkts. Das Gebäude erwies sich jedoch als so perfekt, dass man blieb und heute regelmäßig Ausstellungen zeitgenössischer Kunst in den Räumen präsentiert.

HAHNENTORBURG /// RUDOLFPLATZ 1 /// 50674 KÖLN ///

Der 6. Oktober 1794 bedeutete den größten Einschnitt in der Kölner Stadtgeschichte seit Jahrhunderten. Mit der französischen Revolutionsarmee besetzte das erste Mal, seitdem die Wikinger im 10. Jahrhundert Köln geplündert hatten, eine fremde Armee die Stadt. Die Franzosen brachten Bürgerrechte und Code Civil, nahmen aber auch lieb gewonnene Traditionen und gerne auch die Kunstschätze der Stadt.

DIE FRANZOSEN KOMMEN!

Wie 1500 Jahre zuvor Ägidius die römischen Truppen aus Köln abgezogen hatte, um die Stadt kampflos den Franken zu überlassen, hatte sich auch die kaiserliche Armee aus dem Staub gemacht.

Also zog Bürgermeister Reiner Joseph Anton von Klespe vor die Stadt und überreichte dem französischen General Championet vor dem Hahnentor die Schlüssel der Stadt. Zu eilfertig habe er dies getan, monierten spätere Kritiker. Aber vermutlich hatte von Klespe die Gegebenheiten nüchtern abgewogen. Köln war ohne die kaiserliche Armee schutzlos und wie im 5. Jahrhundert galt die Stadt auch dieses Mal als heruntergekommen. Laut zeitgenössischen Berichten lebten mehr Bettler und Mönche in der Stadt als Bürger, die alten prächtigen Häuser waren zum Teil unbewohnt und zerfallen. An Gegenwehr war nicht zu denken. Die Stadtwache der Roten Funken war schon damals eher ein Karnevalsverein, weniger eine echte Bürgerwehr.

So blieb Bürgermeister von Klespe eigentlich keine Wahl, als den Franzosen die Stadt friedlich zu übergeben. Das erste Mal, seitdem die Wikinger im 10. Jahrhundert die Stadt geplündert hatten, marschierte eine fremde Armee in Köln ein. Wie die mittelalterlichen Könige auf dem Weg von ihrer Krönung in Aachen wählten auch die Franzosen den Weg durch das Hahnentor, das westliche Tor der mittelalterlichen Stadtmauer, erbaut im 12. Jahrhundert und mit seinem Doppelturm und mächtigem Torbogen auch heute noch eine imposante Erscheinung.

> Hinter der Hahnentorburg liegt die **MITTELSTRASSE**, eine der teuersten Einkaufsstraßen Kölns. Auf 400 Metern tummeln sich über 70 exklusive Geschäfte.
>
> **Tipp**

Wenn in den 1820er-Jahren die Menschen in Deutz darauf warteten, dass sich die Schiffsbrücke über den Rhein wieder schloss, unterhielt sie ein gewisser Franz Andreas Millowitsch mit seinem Stockpuppentheater. Auch wenn er die Stockpuppen bereits von seinem Vater übernommen hatte, ahnte damals noch niemand, dass aus der Familie Millowitsch einmal die Theaterdynastie Kölns werden sollte.

DIE KÖLNER THEATERDYNASTIE

1895 stellte Willy Millowitsch der Ältere das Theater auf echte Schauspieler um, bis 1936 wechselten die Spielstätten regelmäßig. Unter anderem spielte Millowitsch eine zeitlang im Wuppertaler Rex-Theater. Noch waren es weniger kölsche Volksstücke, die das Programm dominierten. 1936 bezog das Millowitsch-Theater die Räume in der Aachener Straße, die es bis heute bespielt. 1940 übernahm der berühmteste Spross der Familie die Leitung, das bereits im Herbst 1945 wieder den Spielbetrieb aufnahm. Oberbürgermeister Adenauer wollte den Menschen in der Not der Nachkriegsjahre Unterhaltung und Ablenkung bieten. Mit Hilfe des Fernsehens stieg das Theater in den folgenden Jahren zu einer der führenden deutschen Volksbühnen auf. 1953 übertrug der WDR das erste Mal ein Theaterstück live im deutschen Fernsehen: ›Etappenhase‹ aus dem Millowitsch-Theater, in der Hauptrolle Willy Millowitsch. Fast 60 Jahre leitete er seine Bühne und als er 1999 starb, wurde ihm zu Ehren als erstem Nichtgeistlichen seit Konrad Adenauer eine Trauerfeier im Dom abgehalten. Den anschließenden Trauerzug säumten Tausende Kölner, um mit stillem Applaus Abschied zu nehmen vom kölschesten aller kölschen Jungen, dessen Vater in Düsseldorf geboren wurde, dessen Sohn Peter bis heute das Theater leitet und sich

> Nach einer Erweiterung des Bürgersteigs ist die **AACHENER STRASSE** auf Höhe des Millowitsch eine der schönsten Gastronomie- und Flaniermeilen der Stadt.
>
> **Tipp**

damit aus dem langen Schatten seines Vaters freigespielt hat – vor allem, indem er auf neue und eigene Stücke setzt. Denn wenn Willy Millowitsch auch einiges vermochte, Stücke schreiben konnte er laut eigener Aussage und zum eigenen Bedauern nicht.

OSTWÄRTS

Hartnäckig hält sich das Gerücht, Konrad Adenauer habe die Vorhänge des Zugfensters zugezogen, sobald er den Rhein ostwärts überquerte, um die ›eurasische Steppe‹, die dort für ihn begann, nicht sehen zu müssen. Doch es lohnt sich, die Vorhänge wie die Augen offen zu halten, wenn man auf die ›Schäl Sick‹ reist. Hier beginnt mitnichten die Steppe, hier tobt das Leben.

DIE STEPPE LEBT – EIN BESUCH AUF DER SCHÄL SICK

In Deutz hat sich in den alten Messegebäuden RTL niedergelassen, die Arena zieht abends Massen zu Konzerten und den Kölner Haien, auch in Mülheim rund um die Schanzenstraße funktioniert der Mix aus Medienfirmen und Ausgehstätten ganz hervorragend. Das alte Arbeiterviertel Kalk gilt vielen als nächstes In-Viertel der Stadt. Hier sind die Mieten noch günstig, wovon nicht nur Wohnungssuchende, Studenten und Künstler profitieren, sondern auch viele kleine, unabhängige Geschäfte und Kneipen.

Was für den Römer barbarisches Germanien, für den mittelalterlichen Kölner Dörfer unter fremder Herrschaft waren, ist heute für manchen die bessere Hälfte der Stadt.

| BARBARISCHES
| GERMANIEN

Hinüber kommt man über eine der Rheinbrücken, die ein oder andere Fähre, aber wer sich auf eine besondere Art über den Rhein bewegen will, kann das mit der Rheinseilbahn tun, die 1957 zur Bundesgartenschau errichtet wurde und seitdem in sechs Minuten zwischen Zoo und Rheinpark über den Fluss fährt. Seit Anbeginn fährt die Seilbahn unfallfrei und hat in der Zwischenzeit über 14 Millionen Fahrgäste transportiert. Sie ist damit Kölns sicherstes Verkehrsmittel.

Davon abgesehen fahren einen die Linien 1 und 9 zum Beispiel ab Heumarkt bequem zu fast allen hier genannten Zielen. So beginnt die Erkundung des Kölner Ostens am Deutzer Rheinufer in den kärglichen Resten der preußischen Festungsanlagen und in Alt Sankt Heribert. Bereits der römische Kaiser Konstantin ließ hier auf der germanischen Seite des Rheins ein **HANDEL, MESSEN UND INDUSTRIE |** Kastell errichten, um die Stadt besser schützen zu können. Bis weit ins 20. Jahrhundert blieb Deutz Festungsstandort. Mit dem Lommerzheim verfügt Deutz über eine der legendärsten Adressen Kölns, wenn es um Bier und Schnitzel geht (und urtümliche Gastlichkeit). Kalk wiederum ist die eigentliche Heimat einer weiteren Kölner Legende: des Lehrers Welsch, den ein Karnevalsschlager fälschlicherweise in das Griechenmarktviertel umsiedelte. Der alte Industriestandort Kalk war wie so viele Viertel im Kölner Osten vor dem 19. Jahrhundert kaum mehr als ein ländliches Dorf. Erst die Industrialisierung führte zu einem Bauboom und einem massiven Bevölkerungswachstum mit all seinen Problemen.

MEDIEN, KÜNSTLER, MYSTIKER

Heute haben die meisten Industrieunternehmen das Viertel wieder verlassen, dabei neu zu nutzendes Brachland und eine hohe Arbeitslosigkeit zurückgelassen. Oder Platz für Neues. Und ganz hinten im Osten schließlich, kurz vor der Grenze zum Bergischen, zeigt sich die Stadt Köln von ihrer grünsten und, wie manche finden, schönsten Seite. Das fand wohl im 10. Jahrhundert auch schon der deutsche Kaiser, der seinem Bruder, dem Erzbischof von Köln, den Königsforst zum Geschenk machte.

ABTEI DEUTZ /// URBANSTRASSE /// 50679 KÖLN /// 02 21 / 9 92 24 24 34 ///
WWW.STADT-KOELN.DE/6/VERANSTALTUNGSKALENDER/02110/ ///

Eigentlich strebte Rupert von Deutz nicht mehr an als ein stilles Klosterleben, aber sowohl die Zeitumstände als auch die eigene Mitteilsamkeit verhinderten dies. Das 12. Jahrhundert war eine Zeit des Umbruchs und des Übergangs. Die gotische Kunst löste die romanische ab, neue Städte mit einem selbstbewussten Bürgertum entstanden, aber auch das Machtbewusstsein der Herrscher wuchs.

DER MYSTIKER

Politisch war der Übergang geprägt vom sogenannten Investiturstreit, bei dem es im Wesentlichen um die Frage ging, ob Kaiser oder Papst Bischöfe und Äbte ernennen durfte. Eine nicht ganz unwichtige Frage, schließlich waren die Kirchenherren oft genug auch Landesherren. Schon im Kindesalter wurde Rupert in die Obhut des Klosters Lüttich gegeben. Als der dortige Abt im Investiturstreit Position gegen den Papst bezog, wurde er verbannt, Ruprecht folgte ihm in die Verbannung und wurde deshalb erst 1105 mit 35 Jahren zum Priester geweiht.

Es folgte eine sehr umfangreiche Textproduktion, die sich im wesentlichen mit der Auslegung der Bibel beschäftigte. Dabei spielten seine Gedanken ebenso eine Rolle wie mystische Begegnungen mit Gott, die er durchaus körperlich ›erlebte‹ und beschrieb. Auch er ein Kind des Übergangs.

1120 wurde er Abt des gut 100 Jahre zuvor gegründeten Klosters in Deutz, das er nur noch einmal für eine Pilgerfahrt nach Rom verließ, bevor er 1129 starb. Das Kloster selbst wurde 1804 von den Franzosen säkularisiert, seine im Barock entstandene Abtei- zur Pfarrkirche der Gemeinde Deutz, nachdem die ursprüngliche Pfarrkirche einem Hochwasser zum Opfer fiel. Heute steht die leuchtend weiße Kirche mit einem nach dem Krieg original-

> **Tipp**
>
> Nicht mystisch, aber schön ist der Blick vom **DEUTZER RHEINUFER** auf Dom und Altstadt – eine der wohl meistfotografierten Ansichten der Stadt!

getreu wieder aufgebauten Anbau wie ein vergessener Fremdkörper zwischen den modernen Bürobauten, die an dieser Stelle das Deutzer Rheinufer prägen und so gar nichts Mystisches an sich haben.

KASERNE DEUTZ /// KENNEDY-UFER /// 50679 KÖLN ///

Von den alten Festungsanlagen in Deutz ist heute kaum noch etwas zu sehen. Weder vom ursprünglichen römischen Kastell, das Kaiser Konstantin im Jahr 311 anlegen ließ, um die heute ebenfalls zerstörte römische Brücke über den Rhein zu sichern, noch von den mittelalterlichen Festungsanlagen. Nicht einmal von der späteren preußischen Festung blieb Nennenswertes erhalten.

GEBOREN IN DEN KASEMATTEN

Dabei besaß Deutz nicht nur über 1700 Jahre eine Festung, sie war auch Geburtsort eines der wichtigsten Männer im Deutschland des 19. Jahrhunderts. Betrachtet man August Bebels Lebensweg, dann erscheint einem kaum etwas widersinniger zu sein, als seine Geburt als Sohn eines preußischen Soldaten in den Kasematten (den unterirdischen, beschusssicheren Gewölben) einer Festung.

Nachdem der Vater früh verstarb, heiratete seine Mutter seinen Zwillingsbruder (da muss man sich nicht groß umgewöhnen) und siedelte nach Brauweiler über. Später ging es zurück in ihren Heimatort Wetzlar, wo sich der junge Bebel als begabter und wissbegieriger Schüler zeigte – ein Bildungshunger, der ihn sein ganzes Leben nicht losließ. Wichtiger wurde aber seine Rolle in der deutschen Arbeiterbewegung bis hin zur Gründung der SPD, deren Vorsitzender er 1892 wurde. Als solcher geriet der Sohn eines preußischen Offiziers dabei immer wieder mit dem vom preußischen Militarismus geprägten Deutschen Reich in Konflikt. Doch Bebel war nicht nur Arbeiterführer, sondern auch Fabrikant. Dabei mühte er sich um ein

> **Tipp**
> Weiter nördlich stoßen Sie auf das alte Messegebäude. Dessen Fassade steht unter **DENKMAL-SCHUTZ.** Die dort beheimateten Fernsehsender noch nicht.

gutes Auskommen seiner Mitarbeiter. Auch war er einer gewissen Lebensqualität nicht abgeneigt. Insofern hätte es ihm vermutlich gefallen, dass dort, wo er in einer Kaserne geboren wurde, bald der Rheinboulevard entsteht, eine Anlage, die das Deutzer Ufer mit seiner unbestritten schönen Aussicht zu einem der lebendigen Zentren der Stadt machen könnte. Integriert werden die Ausgrabungen römischer bis preußischer Spuren in einem ›Historischen Park Deutz‹.

LOMMERZHEIM /// SIEGESTRASSE 18 /// 50679 KÖLN ///
02 21 / 81 43 92 /// WWW.PAEFFGEN-KOELSCH.DE ///

»Verarschen kann ich mich allein!«, soll er gesagt und ohne ein weiteres Wort aufgelegt haben, als Vertreter des amerikanischen Präsidenten Bill Clinton 1999 bei ihm anriefen, um einen Tisch für den Staatsmann zu reservieren. Clinton wich auf seiner Suche nach einer echten Kölner Kneipe auf das Brauhaus Malzmühle aus. Hans Lommerzheim blieb der Ruhm, den amerikanischen Präsidenten bewirtet zu haben, verwehrt.

»VERARSCHEN KANN ICH MICH ALLEIN!«

Andere Quellen behaupten, er habe Clinton aus Rücksicht auf seine Gäste einen Korb gegeben, denn dann hätten die Stammgäste wegen der Sicherheitsvorkehrungen draußen bleiben müssen. Nötig hatte Herr Lommerzheim, der von seinen Gästen respektvoll gesiezt wurde, den mit dem Besuch des Präsidenten verbundenen Ruhm zu jener Zeit ohnehin nicht mehr. Ab den 1980er Jahren entdeckten immer mehr Kölner das Lokal als die kölscheste aller kölschen Kneipen und nachmittags bildeten sich erste Schlangen vor der alten, hölzernen Eingangstür. Reservieren war zwecklos. Nicht nur für Präsidenten.

Es schwang wohl ein wenig die Sehnsucht nach der guten alten Zeit dabei mit, denn von außen wie von innen schien am Lommerzheim die Zeit vorbeigegangen zu sein. Die Fassade hätte jeder Bauruine gut zu Gesicht gestanden, Mobiliar und Inneneinrichtung schmückten den kleinen Schankraum seit den Nachkriegsjahren.

Als Hans Lommerzheim die Kneipe 2004 aus gesundheitlichen Gründen schloss, wollte das Rheinische Freilichtmuseum das gesamte Gebäude inklusive der Inneneinrichtung (ohne Wirtsleute und Stammgäste) ab- und auf dem eigenen Museumsgelände in Kommern wieder aufbauen. Das Kölnische Stadtmuseum spekulierte zumindest auf die Inneneinrichtung. Den Zuschlag aber erhielt das Brauhaus Päffgen, dessen erste Schanklizenz ›Lommi‹ 1959 erhalten hatte. 2008 wurde das erste Fass Kölsch wie 1959 mit dem Fahrrad von der Brauerei nach Deutz gebracht. Diesmal vom Brauer Rudolf Päffgen persönlich.

> **Tipp**
>
> Das Brauhaus Malzmühle schmückt den Platz, an dem Clinton saß, mit einer **PLAKETTE.** Wer also am gleichen Platz sitzen möchte …

SÜNNER BRAUEREI /// KALKER HAUPTSTRASSE 260 /// 51103 KÖLN ///
02 21 / 98 79 90 /// WWW.SUENNER-BRAUEREI.DE ///

Der Familie Sünner gehört in Köln eigentlich ein Denkmal gesetzt, verdankt die Stadt ihr doch den Namen für eine ihrer berühmtesten – manche Auswärtigen würden sagen umstrittensten – Spezialitäten. Bis weit ins 20. Jahrhundert braute man in Köln zwar eifrig, aber auf die Idee, das heimische Bier unter einem eigenen Namen zu vermarkten, kam niemand. Erst Mitte des Jahrhunderts setzte sich der Name ›Kölsch‹ durch.

DIE ERFINDER DES KÖLSCH KOMMEN VON DER SCHÄL SICK

1918 bewarb die Familienbrauerei aus Kalk erstmals ein Bier als ›Kölsch‹. Zuvor gab es zwar Kölner Bier, doch Kölsch nannte es niemand. Am ehesten wurde Wieß getrunken, ein trübes, nicht sonderlich haltbares Vorgängerbier. Überhaupt war das Brauen im 19. Jahrhundert eine knifflige Angelegenheit. Denn Bier braucht Kühlung. Vor Erfindung der Eismaschine stellte diese meist das größte Problem dar. Insofern erwies es sich für den Brauer Christian Sünner als Glücksfall, dass er im Jahr 1858 ein Grundstück in dem damals noch kleinen Dörfchen Kalk erwerben konnte. Denn zu dem Grundstück an der heutigen Kalker Hauptstraße gehörte ein Zechengebäude nebst tief gegrabenem Zechenschacht, der allerdings wegen eindringendem Grundwasser nie in Betrieb genommen worden war.

Tipp

Sünner Kölsch gibt es natürlich nicht nur im eigenen Brauhaus, sondern zum Beispiel auch in der **VORSTADTPRINZESSIN,** einer der charmantesten Kneipen Kalks.

Das Wasser erwies sich als ideal fürs Brauen und Brennen. In den tiefen Kellern konnte das Bier obendrein kühl gelagert werden. Sünner etablierte neben dem Stammhaus an der Deutzer Schiffsbrücke ein zweites Lokal direkt an der Brauerei. So wuchs Sünner gemeinsam mit dem aufstrebenden Industrievorort Kalk. Bis heute braut Sünner hier sein Kölsch und unterhält damit Kölns ältestes noch aktiv betriebenes Brauereigebäude.

KÖLNER BIER WAR NICHT IMMER KÖLSCH.

Kalk allerdings hat sich verändert. Die großen Industriestandorte wurden aufgegeben und teilweise umgestaltet. Das Viertel drohte zu verarmen. Inzwischen aber ist Kalk für viele das, was Ehrenfeld vor zehn Jahren war: ein kreatives Viertel voller Möglichkeiten (und preiswerter Mieten). Wer allerdings durch die Straßen rund um das Sünner-Haus schlendert, entdeckt noch viel vom alten Kalk.

WOHNHAUS DES LEHRERS WELSCH /// NIESSENSTRASSE 26 /// 51103 KÖLN ///

Im Dezember 1938 nahm die Kölner Karnevalsgruppe ›Drei Laachduvve!‹ ihr Lied vom Lehrer Welsch in der ›Kayjass Nummer o‹ auf, das Welsch zum wohl populärsten Lehrer Kölns werden ließ. Astreines Kölsch, so hieß es im Lied, spreche Welsch, der in der Schule auf der Kaygasse unterrichtet habe. Beides ist falsch, machte Heinrich Welsch aber drei Jahre nach seinem Tod zum berühmtesten Lehrer Kölns.

DER BERÜHMTESTE LEHRER KÖLNS

Verdient hatte Welsch das allemal, auch wenn er statt im Griechenmarktviertel in Kalk unterrichtete und als Bauernsohn aus der Voreifel kaum in reinstem Kölsch parlierte. Auch wenn Welsch seine Zeit als Hauslehrer für die Kinder des Reichsfreiherrn Friedrich Leopold von Fürstenberg auf Schloss Körtlinghausen als die schönste Zeit seines Lebens bezeichnete, seine wichtigste Station war ohne Zweifel der Arbeitervorort Kalk.

Die Zustände hier forderten nicht nur den Pädagogen Welsch. Armut, eine ungesunde Lebensweise, die körperlichen Folgen der Fabrikarbeit, aber eben auch mangelnde Bildung und Zukunftsperspektive prägten das Leben seiner Schützlinge. Welsch engagierte sich, wo er konnte. Gemeinsam mit seiner Frau Katharina setzte er sich vor allem für das Los alleinerziehender Müt-

> Der **SCIENCEPARK ODYSSEUM** in der Corintostrasse vermittelt als ›Erlebnispark Wissen‹ Lehrreiches ganz anders als zu Welschs Zeiten.
>
> **Tipp**

ter ein. 1905 gründete er die erste Hilfsschule für ›geistig nicht normal entwickelte Kinder‹ im rechtsrheinischen Köln, der er bis zu seiner Pensionierung vorstand.

Die Schulgebäude in der Hollweghstraße stehen heute nicht mehr, ebenso wenig wie die in der fiktiven Kaygass Nummer Null jemals existiert haben. Erhalten geblieben ist das Mietshaus in Kalk, in dem Lehrer Welsch in seinen Kalker Jahren gelebt hat. Das Haus in der Nießenstraße 26 ist nichts Besonderes. Ein unscheinbarer, etwas ungepflegt wirkender Bau aus der Jahrhundertwende des 19./20. Jahrhunderts – ein typisches Mietshaus dieser Zeit. In der Wohnung im ersten Stock wohnte Welsch in unmittelbarer Nachbarschaft zu seinen Schülern.

BRÜCK /// 51109 KÖLN ///

Es sind mitnichten Mäuse, die auf dem Mauspfad wandeln. Die alte Handelsstraße, die Kölner Gebiet auf 24 Kilometer zwischen Dünnwald im Norden und Wahn im Süden durchquert, gehört zu einem uralten, durchaus menschlichen Straßensystem. Der Mauspfad verband den Rheingau bei Bingen mit dem Westfälischen Hellweg, der bei Duisburg begann und bis zur Elbe führte.

VON MÄUSEN UND SCHWEINEN

Woher der Name der alten Handelsroute stammt, ist umstritten (nur dass er nichts mit Mäusen zu tun hat, gilt als gesichert). Wahrscheinlich ist der Name eine Ableitung vom Wort ›Maut‹ als Wegezoll. Auf der Strecke gab es gleich mehrere Zollstationen zu passieren. Aber wo im damals kleinteiligen, mittelalterlichen Deutschland gab es das nicht?

So ist vielleicht der Zusammenhang von Maus, Moos und Moor aufschlussreicher, führte der Mauspfad doch durch zahlreiche Sumpfgebiete. Mit der Schlacht von Worringen begann der Niedergang dieses Handelsweges, mit dem Aufstieg Düsseldorfs zur Residenzstadt übernahm die Route der Via Publica die Rolle des Mauspfads. Dennoch blieb der Name auf Kölner Gebiet bis heute erhalten, nicht nur in Brück, sondern auch in anderen Stadtteilen. Brück besaß spätestens ab 1411 eine Zollstation an der alten Handelsstraße.

Das Denkmal des ›fuulen Weets‹ auf dem Marktplatz erinnert an den Wirt **ALFONS WEIDEN**, der seine Gäste gern mit »Bedient euch selber« begrüßte.

Tipp

Der größte Teil des heutigen Viertels war von Wald bedeckt, der so genannten Gemark Brück, einem gemeinschaftlich genutzten Wald in unmittelbarer Nachbarschaft des heutigen Königsforsts. Hier durfte, wer berechtigt war, nicht nur Holz schlagen, sondern vor allem Schweine füttern, die sich an den im alten Eichenwald zahlreichen Eicheln satt- und winterfest fressen konnten. Doch wie heute war auch früher der Reichtum nicht gleich verteilt. Die größten Nutzungsrechte am Wald verteilten sich auf wenige Adelshöfe. Wer mehr Vieh in den Wald trieb, als er durfte, konnte es gleich beim Herzog von Berg als dem eigentlichen Eigentümer der Brücker Gemark abliefern.

EINE HANDELSROUTE AUS DER FRÜHEN EISENZEIT

KÖNIGSFORST /// RÖSRATHER STRASSE 663 /// 51107 KÖLN ///
(JA, DER WALD HAT TATSÄCHLICH EINE ADRESSE) ///

Gemeinsam mit der Wahner Heide bildet der Königsforst eines der größten Naturschutzgebiete in Nordrhein-Westfalen. Und das in unmittelbarer Nachbarschaft der Millionenstadt Köln. In nur 23 Minuten ist man vom Neumarkt inmitten der Stadt draußen im Wald. Für nicht wenige Kölner ist der Königsforst das Naherholungsgebiet schlechthin. Denn heute gehört der Wald allen. Das war nicht immer so.

EIGENTLICH EIN ERZBISCHOFSFORST

Schon in der Frankenzeit war der Königsforst ein so genannter Bannwald, die Nutzung des Waldes war dem Landesherrn vorbehalten. Im 10. Jahrhundert war dies der Kölner Erzbischof Bruno, ein Bruder Ottos II. (und damit ein Schwager Theophanus), dem der Kaiser den Wald vermachte.

Doch Brunos Interessen galten weit weniger der Jagd oder der Forstwirtschaft. Bereits mit 15 wurde er Reichskanzler, dreizehn Jahre später Erzbischof von Köln. Sein Hof galt seinerzeit als Zentrum der Gelehrsamkeit. Aus gutem Grund: Die Ottonen verfolgten mit ihrer ›Bildungspolitik‹ handfeste Machtinteressen.

> **Tipp**
>
> Wer mit dem Fahrrad im Forst unterwegs ist und einen Platten hat, findet in der Forsbacher Straße einen **FAHRRADSCHLAUCH-AUTOMATEN.**

Schüler des erzbischöflichen Hofes wurden loyale kirchliche und weltliche Würdenträger und festigten die Macht des Kaisers und seiner Familie.

Aber nicht nur um die eigenen und familiären Interessen machte sich Bruno verdient. Unter seiner Herrschaft begann der Aufstieg Kölns. Er verlieh der Stadt zahlreiche Privilegien: Sie durfte eine Mauer errichten und erhielt unter anderem das Marktrecht. Aus dem fränkischen Flecken wurde die mittelalterliche Handels- und Kirchenmetropole. Der Königsforst gehörte da schon nicht mehr zur Stadt. Brunos Nachfolger Heribert von Köln teilte ihn auf und vermachte einige Parzellen dem Deutzer Kloster.

Im 19. Jahrhundert plünderten die Franzosen den damaligen Eichenwald und brachten das wertvolle Holz nach Paris. Die Preußen forsteten den Wald wieder auf, allerdings mit schnell wachsenden Kiefern. Dass er streng genommen auch heute noch nicht zu Köln gehört, stört in der Stadt freilich niemanden. Der Königsforst ist DER Wald der Kölner.

»… Und, meine Herren, dazu gehört eben, dass große Volks-
parks, dass große Spielplätze geschaffen werden, dass die Kinder in den Großstädten viel hinausgebracht werden in die Na-
tur«, sprach der Sozialdemokrat Karl Liebknecht 1912 vor dem
Reichstag in Berlin. In Köln machte man sich nach dem Ersten
Weltkrieg eifrig daran, diese Ideen zu verwirklichen und schuf
zwei Parkanlagen, die ihresgleichen suchen.

DIE KÖLNER GRÜNGÜRTEL

Die Bedingungen waren denkbar günstig. Die Siegermächte bestanden
auf der Schleifung sämtlicher Festungsanlagen. Rund um Köln entstanden auf diese Weise zwei Gürtel mit Ödflächen, wo sich früher preußische Forts und freie Schussfelder befanden. Denn Köln war zu preußischer Zeit Festungsstadt. Bereits kurz nach dem Wiener Kongress begann
die neue Staatsmacht damit, rund um Köln einen Halbkreis an Forts und

**FESTUNGEN ZU
GRÜNFLÄCHEN**

Festungen zu errichten, der ab dem Deutsch-Französischen Krieg um einen zweiten Ring ergänzt wurde, der
die neuen satellitenartig rund um die Stadt entstandenen
oder gewachsenen Vororte wie Nippes, Ehrenfeld, Sülz oder Bayenthal
umschloss. Am Ende blieben die Festungsanlagen zwar teilweise erhalten,
wurden jedoch so weit verschüttet, dass sie nicht mehr nutzbar waren.

Es entstand die Idee, rund um die Stadt zwei Gürtel als Naherho-
lungsgebiete für die Einwohner der immer noch dicht besiedelten Stadt
und ihrer nicht minder übervölkerten Vorstädte anzulegen. Ab 1922 begann die Stadt unter dem Oberbürgermeister Adenauer und nach Ideen
des Hamburger Stadtplaners Fritz Schumacher mit
der Anlage der Grünflächen und Sportstätten. Dabei
schwebte Schumacher kein geschlossener Gürtel vor.

**EIN UNBEZAHL-
BARER SCHATZ**

Vielmehr sollte zwischen und innerhalb der Grünflächen gebaut werden. Eine Idee, die bis heute für Zündstoff sorgt. Manche wollen den
Gürtel schließen, andere wollen Schumachers Idee einer lockeren Bebauung aufgreifen und ergänzen. Dabei sind die Gürtel bis heute nicht
geschlossen. Der Innere Grüngürtel etwa endet südlich der Universität
an der Luxemburger Straße.

Dennoch ist das städtische Grün ein Pfund, mit dem Köln wuchern
könnte (wenn es denn wuchern würde). Es gibt wohl kaum einen Ort in
der Stadt, von dem man länger als fünf Minuten bis zu einer Grünfläche
braucht. Sei es das erstaunlich grüne Rheinufer, einer der innerstädtischen
Parks oder eben eine der Flächen der beiden Grüngürtel. Vor einigen Jah-

ren ließ die Frankfurter Stadtverwaltung einmal nachrechnen, was eine vergleichbare Anlage heute kosten würde und legte das Thema danach stillschweigend zu den Akten.

Die Grüngürtel erschließt man sich im Übrigen am besten mit dem Fahrrad. Nicht überall ist Köln so fahrradfreundlich angelegt wie hier, nirgendwo sonst, außer vielleicht am Rheinufer, kann man so entspannt radeln.

Und zu entdecken gibt es zwischen und rund um die Kölner Lungen jede Menge. Neue Bauten wie die Kölsche Moschee in Ehrenfeld genauso wie den ältesten Siedlungsplatz der Stadt am Stüttgerhof in Lindenthal, edle Adressen für die Lebenden wie Marienburg und für die Toten wie den größten Kölner Friedhof Melaten oder das alte Römergrab in Weiden. Im Kölner Westen finden sich neben dem modernen Fußballstadion die Trainingsanlagen des 1. FC Köln. Wer Glück hat, trifft die Spieler des Clubs beim Lauftraining am Decksteiner Weiher, Kölns Joggerautobahn.

KÖLNS JOGGER-AUTOBAHN

Nur an einem Sonntag mit schönem Wetter sollte man über den Besuch des Grüngürtels etwas länger nachdenken. An solchen Tagen pilgert nämlich halb Köln hinaus in die Parkanlagen und es kann auf den Wegen und Wiesen schon recht voll werden. Denn Karl Liebknechts Wunsch wurde in Köln nicht nur verwirklicht, sondern von der Bevölkerung begeistert aufgegriffen.

LENTPARK /// LENTSTRASSE 30 /// 50668 KÖLN ///
02 21 / 27 91 80 10 /// WWW.LENTPARK.DE ///

Es war ein Spektakel sondergleichen! Acht Runden kämpften der Kölner Boxer Peter Müller und der Berliner Hans Stretz in der Kölner Eissporthalle um die Deutsche Meisterschaft. In der achten Runde schließlich verlor Müller nach diversen Ermahnungen des Ringrichters Max Pippow die Nerven. Mit einem einzigen Schlag schrieb er Boxgeschichte und machte sich unsterblich. Gewonnen hatte er den Kampf trotzdem nicht.

IM EISSTADION KRÄFTIGER NIEDERSCHLAG

Kurz entschlossen knockte ›de Aap‹ Ringrichter Max Pippow aus. Anschließend stürzte er sich über den bewusstlosen Pippow hinweg erneut auf Stretz. Es kam zu Tumulten im und um den Ring. Am Ende brauchte es mehrere Männer, um Müller schließlich zur Räson zu bringen. Noch am gleichen Abend verkündete der deutsche Boxverband eine lebenslange Sperre.

Doch ›de Aap‹, wie Müller wegen seiner langen Arme und guten Laune genannt wurde, war einfach zu populär. Schon nach zehn Monaten wurde die Sperre wieder aufgehoben und Müller, der laut Spiegel aus dem Jahre 1953 einer ›asozialen Familie mit Zigeunereinschlag‹ entstammte, stieg erneut in den Ring. 1959 boxte er gegen Bubi Scholz um die Europameisterschaft, doch der Kampf endete nach wenigen Sekunden mit Müllers Knock-Out.

> **Tipp**
>
> Profieishockey findet heute nicht mehr an der Lentstraße, sondern in der **LANXESSARENA** statt, in die die Kölner Haie 1998 umzogen.

Der legendäre Kampf mit Stretz fand übrigens weder in der alten Rheinlandhalle statt noch in der jüngeren Sporthalle oder gar den Sartory-Sälen, allesamt bekannte Kölner Sportarenen. 1952 boxten die beiden Kämpfer im Eisstadion an der Lentstraße, wo in den 1970ern und 80ern der Eishockeyclub der Kölner Haie seine größten Erfolge feierte, und das im März 2007 wegen Einsturzgefahr geschlossen wurde.

Nach dessen Abriss wurde 2011 ein kompletter Neubau eröffnet, heute jedoch weniger dem Profisport als mehr dem privaten Vergnügen gewidmet. Neben einem Hallen- und Freibad (und natürlich einer Eisfläche) bietet der ›Lentpark‹ eine in Europa einmalige, 260 Meter lange Eishochbahn, von der man hinabschauen kann auf die eigentliche Eisfläche, wo zwar immer noch jemand hinfallen kann – aber kaum, weil er von einem Profiboxer niedergeschlagen wird.

KÖLNER ZOO /// RIEHLER STRASSE 173 /// 50735 KÖLN ///
02 21 / 7 78 50 /// WWW.KOELNERZOO.DE ///

Plump und stumpfsinnig sei sie, von abstoßendem und gräulichem Aussehen. Aus ihren kleinen, düsteren Augen blitzten Rohheit und Falschheit. Ihre Bewegungen haben ›den Anschein des Unüberlegten, Plötzlichen und deuten auf Stumpfheit der Gehirnorgane‹. So schrieb die Illustrierte Zeitung 1873 über eine Dame, die die Kölner passenderweise ›die schöne Marie‹ nannten und in ihr großes Herz schlossen.

DIE SCHÖNE MARIE

Nach Köln kam die laut Zeitung gar nicht so feine Dame bereits ein Jahr zuvor aus Myanmar – gemeinsam mit einer Elefantenkuh namens Bella. Denn bei der Schönheit handelte es sich um ein ausgewachsenes Panzernashorn (Rhinocerus unicornis). Immerhin war die Nashorndame über mehrere Jahre eine der Attraktionen des Kölner Zoos. Sie überlebte mit heiler grauer Haut das Rheinhochwasser von 1882, das bis in das Elefantenhaus des Zoos reichte, und zu ihrem 25jährigen Kölner Jubiläum widmeten ihr die heimischen Zeitungen wieder ein paar Zeilen.

Eröffnet wurde der Zoo bereits 13 Jahre vor dem Eintreffen der Schönheit, am 22. Julie 1860. Damit ist er der drittälteste deutsche Tierpark. Sein Entstehen verdankt er offiziell Dr. Caspar Garthe, einem Oberlehrer an der Höheren Bürgerschule am Quatermarkt, der 1858 die ›Actiengesellschaft Zoologischer Garten zu Cöln‹ gründete, die den Zoo schließlich nördlich und außerhalb der Stadt in Riehl baute. Doch eine erste Anregung gab es bereits einige Zeit früher. Am 24. April 1856 wies der Gastwirt Ernst Müller in einem Beitrag für die Kölnische Zeitung auf die gerade neu entstandenen

> Gleich gegenüber liegt die Flora, **KÖLNS BOTANISCHER GARTEN.** Die alten Gebäude werden zurzeit saniert, der Garten aber ist jedermann zugänglich.
>
> **Tipp**

zoologischen Gärten anderer Städte hin und äußerte die Hoffnung, auch in Köln bald einen Zoo eröffnen zu können. Müller selber hielt bereits auf dem Gelände seiner Lindenthaler Gaststätte einige exotische Tiere. Aber ein Kneipier macht sich nicht so gut als Gründungsvater eines Zoos – wie gräulich seine Bewohner auch immer aussehen mögen.

Mitten im harten Winter des Nachkriegsjahres 1946 sagte der Kölner Kardinal Joseph Frings in seiner Silvesterpredigt einen Satz, der ihn nicht nur berühmt machen sollte, sondern der deutschen Sprache auch ein neues Wort schenkte: ›fringsen‹. Frings bezog sich darin auf die Gepflogenheit, von vorbeifahrenden Zügen Kohlen und Briketts zu stibitzen, ein Vergehen, dass viele Kölner Familien vor dem Erfrieren gerettet haben dürfte.

KLAUEN MIT KIRCHLICHEM SEGEN?

Von nun an sprach man im Rheinland gerne von ›fringsen‹, wenn man Mundraub meinte: »Wir leben in Zeiten, da in der Not auch der einzelne das wird nehmen dürfen, was er zur Erhaltung seines Lebens und seiner Gesundheit notwendig hat, wenn er es auf andere Weise, durch seine Arbeit oder durch Bitten, nicht erlangen kann.« So hatte sich der Kardinal geäußert und konnte man das nicht als Absolution betrachten?

Man konnte, jedoch: Frings sprach noch einen weiteren Satz, der jedoch meist unterschlagen wurde. »Aber ich glaube, dass in vielen Fällen weit darüber hinausgegangen worden ist. Und da gibt es nur einen Weg: unverzüglich unrechtes Gut zurückgeben, sonst gibt es keine Verzeihung bei Gott.«

Vielleicht dachten die Rheinländer, als sie diesen Satz verdrängten, aber auch an ein anderes Zitat des beliebten Kardinals. Auf sein

> Zehn Minuten Fußweg stadteinwärts begrüßt der **SKULPTURENPARK KÖLN** den kunstinteressierten Besucher mit zahlreichen Werken namhafter Künstler.
>
> **Tipp**

schlechtes Augenlicht angesprochen, antwortete er einmal auf Kölsch: »Jot lure kann isch schläch, ävver schläch hüre, dat kann isch jot.« (»Gut sehen kann ich schlecht, aber schlecht hören, das kann ich gut.«)

Die legendäre Silvesterpredigt fand übrigens nicht im Dom statt, wie man meinen könnte, sondern in der Pfarrkirche Sankt Engelbert in Riehl, der ersten modernen Kirche Kölns, gebaut in den frühen 30er-Jahren des 20. Jahrhunderts nach Entwürfen des Architekten Dominik Böhm. Seinerzeit stieß der Bau aufgrund seiner bemerkenswerten Sternkuppel-Form auf Skepsis. Erst Böhms Hinweis auf mittelalterliche Vorbilder räumte die Bedenken aus. Heute gilt Sankt Engelbert als Schmuckstück in Riehl.

NEVEN DUMONT HAUS /// AMSTERDAMER STRASSE 192 /// 50735 KÖLN ///
02 21 / 2 24 24 26 /// WWW.DUMONT.DE ///

Über Michael von Aitzing ist nicht viel bekannt. Was bemerkenswert ist, immerhin gilt er als Erfinder der Zeitung. Er stammte ursprünglich aus Österreich, wann er geboren wurde, verliert sich jedoch im Dunkel der Geschichte. Auch sein weiteres Leben ist in weiten Teilen ein Geheimnis, obwohl er selber die Information zu seinem Geschäft machte. Als Chronist, früher Zeitungsmacher und Spion.

DER ERFINDER DER ZEITUNG

In Köln ließ Aitzing sich 1579 nieder. Von hier aus schrieb und versandte er halbjährlich zur Frankfurter Messe seine Depeschen mit Nachrichten aus Politik, Recht und Handel im Rheinland. Zuvor war er angeblich als Habsburger Spion in den Niederlanden unterwegs. Im Auftrag Kaiser Ferdinands II. besuchte er 1563 die Kirchenversammlung in Trient, drei Jahre später nahm er offiziell am Augsburger Reichstag teil. Seine erste Chronik veröffentlichte er 1583, sie behandelte den geplanten Übertritt des Kölner Erzbischofs zum Protestantentum.

Der Mann hatte also durchaus ein Gespür für brisante Themen. Bis zu seinem Tod 1598 gab er 18 weitere Dossiers heraus, die heute als Vorläufer der Zeitung gelten und so schöne und umständliche Titel trugen wie

> **Tipp**
>
> Das Neven DuMont Haus ist das jüngste Wahrzeichen Niehls. Das älteste ist die romanische **KAPELLE SANKT KATHARINA**, Sebastianstraße 115.

›Gedenckwierdige Relation Des Englischen Regiments im Niderlandt Zuwissen, Was sich nach abscheyden des Graffen von Leycester, biß auff sein wider ankunfft auß Engellandt, in Hollandt verlauffen. Sambt dem, was sich auch sonst Neulicher zeyt, nit allein in Hollandt vnd Zeelandt, etc. sonder auch in Franckreich, Teutschlandt vnd Poln zugetragen‹.

Mit den heutigen Medienverlagen hatte Aitzings Arbeit nicht allzu viel zu tun. Das moderne Neven DuMont Haus, das den Kölner Zeitungen des gleichnamigen Verlags als Heimat dient, hätte ihn sicher sprachlos gemacht.

In seiner offenen, mit viel Glas gestalteten Architektur des Koreaners Duk-Kyu Ryang verschmilzt das Gebäude ästhetisch mit der Umgebung und genügt allen praktischen Anforderungen des Zeitungsmachens.

EHRENFELD /// 50823 UND 50825 KÖLN ///

Wer das heute hippe Ehrenfeld besucht, wird sich über die Legende zu seiner Entstehung nicht mehr im Mindesten wundern. Früher war das anders. Denn wie so viele gegenwärtig angesagte Viertel in westlichen Großstädten prägten vor allem Industrie und Arbeitersiedlungen Ehrenfeld über Jahrzehnte. Dabei war die Gründung der Stadt eigentlich eine Schnapsidee.

AUS EINER SCHNAPSIDEE WIRD EINE INDUSTRIESTADT

Sie saßen im Brauhaus ›Zum Kaiser Franz‹ beisammen. Die Gruppe um den Antiquar, Drucker und Verleger Franz Anton Kreuter hatte hier auf der Ehrenstraße ihren Stammtisch. Doch an diesem Abend entwickelten sie besonders große Pläne. Eine neue Siedlung sollte entstehen! Gemeinsam gründeten sie eine Gesellschaft, die ein Ziegelfeld nordwestlich der Kölner Stadtmauern erschließen und für eine Besiedlung urbar machen sollte. Eine gute Idee, schließlich platzte Köln damals, man schrieb das Jahr 1845, aus allen Nähten.

Tipp

Ein schönes Beispiel gelungener Wiederbelebung alter Industriebauten bietet das **VULKANGELÄNDE** an der Lichtstraße.

Nach der Straße, in der sich die Gesellschaft gründete, benannten sie auch das Feld: Ehrenfeld war geboren und das erste Grundstück rasch verkauft. Binnen weniger Jahrzehnte explodierte die Bevölkerungszahl, die Eröffnung der Bahnstrecke nach Aachen erleichterte die Ansiedlung zahlreicher Industrieunternehmen. Schon 1879 erhielt der Ort die Stadtrechte. Neun Jahre später war es mit der Stadtfreiheit vorbei, Ehrenfeld wurde eingemeindet.

VON DER EHRENSTRASSE ZUM EHRENFELD

Gebaut wurden im Viertel zunächst mehrheitlich typisch rheinische Häuser – sogenannte Dreifensterhäuser, ein Bautyp, der nicht nur in Köln, sondern auch in Aachen und darüber hinaus in weiten Teilen Belgiens verbreitet war.

Das älteste Gebäude Ehrenfelds steht auf der Venloer Straße: das ehemalige Haus Mertens mit der Nummer 260. Neueren Datums allerdings ist seine Stuckfassade. Im ursprünglichen Stil erhaltene Häuser finden sich in der Marienstraße, Beispiele späterer Bebauung in zahlreichen Nebenstraßen der Venloer- oder Vogelsangerstraße.

DITIB-ZENTRALMOSCHEE /// VENLOER STRASSE 160 /// 50823 KÖLN ///
02 21 / 57 98 20 /// WWW.ZENTRALMOSCHEE-KOELN.DE ///

»Er war der bahnbrechende Meister, der die kirchliche Baukunst aus den Fesseln des Historismus löste«, würdigte Kardinal Frings den Architekten Dominikus Böhm. Sein Sohn und sein Enkel erweitern die Familientradition sakraler Bauten um ein interessantes neues Projekt. Die türkisch-islamische Union DITIB wählte die für ihre Kirchen berühmten Architekten aus, um ihre Kölner Zentralmoschee zu entwerfen.

»ICH BAUE, WAS ICH GLAUBE«

1926 zog der ambitionierte Kirchenbauer Dominikus Böhm im Alter von 46 Jahren nach Köln – mitten ins Herz des rheinischen Katholizismus. Es folgten wenige produktive Jahre, in denen unter anderem Sankt Engelbert in Riehl entstand, bis der Nationalsozialismus – aber auch Widerstände gegen seine moderne Bauweise innerhalb der Kirche – ihm und seiner Familie arg zusetzten.

Nach dem Krieg baute Böhm in Köln zahlreiche Kirchen. Sie zeichnen sich teils durch expressionistische Formen, teils durch eine an die Romanik erinnernde Schlichtheit aus, in denen das Licht eine entscheidende Rolle spielt.

In den Folgejahren stiegen sowohl Sohn Gottfried wie Enkel Paul in das Architekturbüro der Familie ein, das sich vor allem mit kirchlichen Sakralbauten einen Namen gemacht hat. Insofern ist es auf den ersten Blick erstaunlich, auf den zweiten aber auch naheliegend, dass das Büro Böhm eines der umstrittensten Gebäude Kölns errichtet: die DITIB-Zentralmoschee in Ehrenfeld. Wer sich Bilder des Entwurfs anschaut oder die Kuppel an der Inneren-Kanal-Straße wachsen sieht, erkennt trotz

Eine Ecke weiter bietet das **HOSTEL WELTEMPFÄNGER** preiswerte Unterkunft und ein Café mit exzellentem, selbstgebackenem Kuchen.

Tipp

der Silhouette einer klassischen Moschee zugleich die Formen Böhmscher Bausprache, wie sie sich seit fast 100 Jahren über Generationen entwickelt hat. Oder, wie es viele Leute sagen, die auf dem Weg an der Moschee vorbeikommen: »Das wird ein schöner Bau.«

Dass muslimische Bauherren aber nicht unbedingt einfacher zu handhaben sind als katholische, musste die Familie schmerzlich erfahren, denn heute streiten Architekt und Bauherr um die endgültige Form der Moschee.

SCHAMONG KAFFEE /// VENLOER STRASSE 535 /// 50825 KÖLN ///
02 21 / 54 49 38 /// WWW.KAFFEEROESTER.DE ///

Schamong Kaffee auf der Venloer Straße ist Kölns älteste Kaffeerösterei. Manche Leute nehmen weite Wege auf sich, um ihren Kaffee im Verkaufsraum vor eigenen Augen geröstet und frisch gemahlen zu kaufen. Dabei begann Josef Schamong seinen Werdegang eigentlich im Lebensmittelhandel, doch die Wirtschaftskrise machte ihm Ende der 1920er-Jahre einen Strich durch die Rechnung und Schamong landete beim Kaffee.

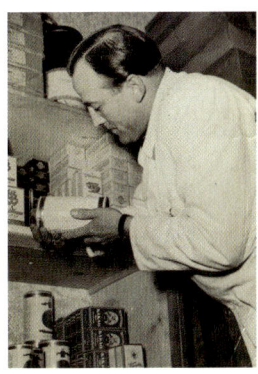

KÖLNS ÄLTESTE KAFFEERÖSTEREI

So wechselte Schamong als Lehrling in die Kaffeerösterei Lülsdorff und wieder funkte ihm die Weltgeschichte dazwischen. Nach dem Krieg stand er wie so viele vor dem Nichts. 1948 lief er zufällig seinem ehemaligen Chef auf der Straße über den Weg und der machte ihm ein Angebot: »Find mir ein Ladenlokal und wir machen ein Kaffeegeschäft auf!«

Schamong fand einen Laden auf der Venloer Straße in Ehrenfeld und eröffnete hier eine Zweigstelle der Südstädter Rösterei. 1960 übernahm er das Geschäft von Lülsdorff, benannte es in Schamong Kaffee um und investierte in einen gusseisernen Probat Trommelröster, der bis heute in Betrieb ist. Wer Glück hat, kann den Röster im Ladenlokal, dessen Schmuckstück er ist, in Aktion erleben.

Inzwischen führt die dritte Generation Schamong das Geschäft und bietet eine Vielzahl eigener Sorten an, vom Espresso Coloniese aus 100 Prozent Arabica-Bohnen bis zu regionalen Spezialitäten aus allen Teilen der Welt. Probieren kann man das ein oder andere Kaffeetässchen auch gleich vor Ort. Wem das nicht genügt, der kann an der ersten Kölner Kaffee-Akademie einen Lehrgang buchen, um sein Wissen zu vertiefen.

> **Tipp**
>
> Schamong Kaffee gibt es nicht nur hier im Laden, sondern auch weiter innerstädtisch, etwa im **CAFÉ SCHWESTERHERZ** auf der Venloer Straße.

Zwar lässt sich Schamong Kaffee auch über das Internet bestellen, ein Besuch in den vor wenigen Jahren erst bezogenen Räumlichkeiten lohnt allerdings nicht nur wegen Kaffee und Trommelröster, sondern auch, weil man in netter Atmosphäre ein Päuschen einlegen kann (und haufenweise zum Kaffee passende Leckereien entdecken). Tee gibt es übrigens auch.

BUTZWEILERHOF /// BUTZWEILER STRASSE 35 – 39 /// 50829 KÖLN ///
02 21 / 59 35 38 /// WWW.BUTZWEILERHOF.DE/ ///

Als erster Kölner flog Albertus Magnus im Mittelalter mit der französischen Königstochter von Paris nach Köln. So berichtet es zumindest die Sage. Die verbriefte Geschichte der Kölner Fliegerei beginnt aber später. Mit Beginn des 20. Jahrhunderts versammeln sich vor den Toren der Stadt auf dem Butzweiler Hof zunächst private Enthusiasten. In den 1920er-Jahren wird der Flughafen zum zweitgrößten des Landes.

BRUCHLANDUNGEN AM BUTZWEILERHOF

Mit dem Pferdefuhrwerk zog Jean Hugot seine ersten Flugmaschinen von der Gumprechstraße hinaus auf den Butzweilerhof, wo er auf einem Acker bereits 1909 erste Flugversuche unternahm, die teilweise beachtliche Erfolge zeigten, teilweise in bestaunenswerten Bruchlandungen endeten. Jedenfalls verschafften sie ihm den Ruhm, als Kölns ältester Flieger zu gelten.

Da sich das Gelände, eine ebene Wiese zwischen Bocklemünd und Ossendorf, hervorragend für die Fliegerei eignete, siedelten sich neben Hugot bald schon weitere kölsche Flugpioniere hier an. 1912 organisierte Hugot den ersten Kölner Flugtag auf dem Butzweilerhof, ein sensationeller Erfolg, versammelten sich doch 100.000 Menschen auf dem Gelände, um Flugzeuge, Flieger und Flugschauen zu bewundern. Für Hugot selber verlief der Tag allerdings weit weniger erfreulich. Mit seinem Eindecker stürzte er ab und legte vor halb Köln eine Bruchlandung hin.

In der Folgezeit machte sich der Ingenieur nicht nur als Flieger (und beileibe nicht nur als Bruchpilot) einen Namen, sondern auch als Konstrukteur. In einem eigenen 15-Mann-Betrieb stellte er Flugzeuge und Flugzeugteile her. Der Butzweilerhof jedoch wurde 1912 vom Militär gesperrt und nach dem Ersten Weltkrieg erst Mitte der 1920er-Jahre von den englischen Besatzern der zivilen Luftfahrt übergeben. Bis zum Zweiten Weltkrieg entwickelte sich der Flughafen zum Luftkreuz des Westens und zum zweitgrößten Flughafen in Deutschland. Nach dem Krieg erwies er sich als zu klein für die modernen Flugzeuge. Ab 1957 übernahm der Flughafen in Wahn seine Aufgaben.

> **Tipp**
>
> Heute landen am Butzweilerhof zwar keine Flugzeuge mehr, aber das **FLUGHAFENMUSEUM** zeigt zahlreiche Exponate zur Kölner Luftfahrtgeschichte.

RADSTADION KÖLN (ALBERT-RICHTER-BAHN) /// AACHENER STRASSE 999 ///
50933 KÖLN /// 02 21 / 71 61 61 50 /// WWW.KOELNERSPORTSTAETTEN.DE ///

In den ersten Jahrzehnten des 20. Jahrhunderts war Köln eine Hochburg des Radsports. Vor allem das Bahnradfahren erfreute sich größter Beliebtheit. Auch der junge Albert Richter begeisterte sich für diesen Sport. Doch seine Erfolge schützten ihn nicht vor den Nazis. Ganz im Gegenteil: Sie waren den braunen Machthabern ein Dorn im Auge, ließ er sich doch von ihnen nicht vereinnahmen.

WELTMEISTER WIDER VATERS WILLEN

Seine Begeisterung teilte Richters Vater nicht. Auch wenn er all seine Kinder anhielt, ein Musikinstrument zu erlernen (Richter spielte Geige), eine handfeste Berufsausbildung stand an erster Stelle, schließlich entstammte man einer Ehrenfelder Arbeiterfamilie – die Richters lebten in der Sömmeringstraße 32. So fuhr Albert Richter seine ersten Rennen heimlich, ein Schlüsselbeinbruch allerdings ließ alles auffliegen. Doch vom Radsport ließ er nicht ab. Am 3. September 1932 wurde der Junge aus Ehrenfeld in Rom Weltmeister der Amateure im Sprint.

Danach wechselte er zu den Profis. Den Nationalsozialisten stand er distanziert gegenüber, unbeirrt fuhr er bei internationalen Wettbewerben mit dem Reichsadler statt dem Hakenkreuz auf dem Trikot und hielt an seinem jüdischen Manager fest.

Am 31. Dezember 1939 verließ er Köln mit dem Zug, um in die Schweiz zu reisen. In den Reifen seines Fahrrads versteckte er 12.000

Die moderne Bahn steht Interessierten offen und wer möchte, kann hier TRAINIEREN. Kontaktdaten findet man auf der Homepage.

Tipp

Reichsmark, die einem in der Schweiz lebenden jüdischen Freund gehörten. Als die Reisenden kurz vor der Grenze kontrolliert wurden, fand die Gestapo das Geld, Richter wurde festgenommen und in das Gerichtsgefängnis von Lörrach gebracht. Sein Bruder fand wenige Tage später nur noch seinen Leichnam im Totenkeller.

Die Radrennbahn in Müngersdorf, ein Bau aus den 1990er-Jahren trägt seinen Namen. Gefahren ist Richter hier natürlich nie. Gebaut jedoch wurde die Bahn von den Architekten Hermann und Ralf Schürmann. Ihr Vater beziehungsweise Großvater Clemens Schürmann wiederum baute Jahrzehnte zuvor das römische Velodrom, in dem Richter Weltmeister wurde.

Ferdinand Sieger muss sich wie ein Glückskind gefühlt haben, als er eine Grube aushob, um für sein Fuhrunternehmen ein neues Wirtschaftsgebäude zu bauen. Denn nur nach wenigen Spatenstichen stieß er auf Bauschutt, den er – praktisch veranlagt wie er war – gleich verwenden wollte. Vermutlich rechnete er schon die gesparten Baukosten durch, als er noch etwas anderes entdeckte. Etwas, das seine Glücksgefühle noch verstärkte.

DAS RÖMERGRAB IN WEIDEN

Nachdem Sieger den Bauschutt beiseite geräumt hatte, fand er eine Treppe, die bis in fünf Meter Tiefe zu einer steinernen Verschlussplatte führte. Was konnte sich dahinter verbergen? In der Erwartung, hinter dieser Platte nicht nur noch mehr Baumaterial, sondern gleich einen Schatz zu finden, zerschlug er die Platte und fand ... Bauschutt.

Schon wollte er die Grube wieder verfüllen, doch ließ er sich (gegen das Versprechen, die Hälfte

Tipp

Heutige Mode lässt sich unweit des alten Römergrabs im WEIDENER RHEIN-CENTER an der Aachener Straße erwerben, Kölns ältestem Einkaufszentrum.

alle Funde behalten zu dürfen) überreden, weiter graben zu lassen. So stieß man schließlich doch noch auf einen Schatz: die wohl am besten ausgestattete römische Grabkammer nördlich der Alpen, neun Kilometer außerhalb der römischen Stadt. Drei Generationen der Bewohner einer nahe gelegenen Villa rustica wurden hier bestattet. Insbesondere die Büsten der Verstorbenen erlauben einen Blick in Leben und Moden jener Zeit. Nicht nur, dass man anhand der Büsten über die römische Frisurmode Aufschluss erhält, die Anlage der Grabkammer als Speisesaal erzählt viel über den römischen Totenkult und noch mehr über das tägliche Leben wohlhabender Römer in der

WISSENSWERTES ÜBER FRISURMODE UND TOTENKULT DER RÖMER

niedergermanischen Provinz. Die Kammer kann besichtigt werden und vermittelt bis heute einen fast schon unheimlich intensiven Eindruck römischen Lebens.

Doch eins bleibt völlig im Dunkeln und nichts in der Grabkammer erlaubt Rückschlüsse darauf: Niemand weiß, wie die Menschen hießen, die hier bestattet wurden. Keine Inschriften, keine Namen verweisen auf die geheimnisvollen Toten des Weidener Römergrabs.

MELATEN /// AACHENER STRASSE 204 /// 50931 KÖLN ///
WWW.MELATENFRIEDHOF.DE ///

HIER

Den meisten Kölnern ist er als Kunstsammler und Namensgeber des Wallraf-Richartz-Museums ein Begriff, doch der 1748 geborene Schneiderssohn war obendrein Botaniker, Mathematiker, Priester, Universitätsprofessor und Theologe. Als die Franzosen per kaiserlichem Dekret Begräbnisse innerhalb von Städten untersagten, schuf Ferdinand Franz Wallraf weit außerhalb der damaligen Stadtmauern den wichtigsten Kölner Friedhof.

HANSDAMPF IN ALLEN GASSEN

Gesammelt hat er nahezu alles, was mit der Kölner Stadt- und Kunstgeschichte in Zusammenhang stand: von Zeugnissen der römischen Antike bis zu mittelalterlicher Kunst. Angetrieben wurde er dabei von den französischen Besatzern, die nach der Säkularisierung die Kunstschätze der Kölner Kirchen und Klöster abtransportierten oder verscherbelten. Entsprechend gespalten war sein Verhältnis zu den Franzosen. Den Eid auf die Republik, unvermeidlich, um als Dozent weiterarbeiten zu können, verweigerte er zunächst.

> Wallraf hat tatsächlich am **WALLRAFPLATZ** in der Innenstadt gewohnt. In einer alten Propstei, die abgerissen wurde, um einem Neubau Platz zu machen.

Tipp

Aber Wallraf hatte auch keine Probleme, sich Frankreich als Vorbild zu nehmen. Kölns größter Friedhof Melaten basiert auf seinen Plänen, der ihn 1809 als Grünanlage plante und den Pariser Friedhof Père Lachaise als Vorbild nannte. Was uns heute selbstverständlich erscheint, war damals – als die Friedhöfe traditionell in der Stadt neben den Kirchen lagen und allenfalls Protestanten und Juden außerhalb der Stadt beerdigt wurden – unerhört und neu. Ein Schock für die Kölner, schließlich sollte die letzte Ruhestätte möglichst nah bei Gott liegen, symbolisiert im Altar der eigenen Pfarrkirche. Melaten als ehemalige Leprastation, Räuberhöhle und Hinrichtungsort entsprach dieser Vorstellung so gar nicht. Am 29.6.1810 wurde der Friedhof dennoch geweiht. Anders als damals ist heute ein Grab auf Melaten ein Stück weit Prestige, liegt man doch Seite an Seite mit zahlreichen Kölner Prominenten. Auch Wallraf selber wurde auf Melaten beerdigt, wie so viele andere berühmte Kölner vom SPD-Politiker Hans-Jürgen Wischnewski bis zum Bestseller-Autor Heinz-Günther Konsalik.

STÜTTGENHOF /// STÜTTGENWEG /// 50935 KÖLN ///

1271 wird der Stüttgenhof in Lindenthal als ›villa stute‹ das erste Mal urkundlich erwähnt. Doch besiedelt war das Land rund um den alten Hof, das heute zum Äußeren Grüngürtel zählt, bereits Tausende Jahre zuvor. Deshalb kann sich der Stüttgenhof rühmen, einer der vielleicht ältesten Siedlungsplätze Kölns zu sein, weit vor der Altstadt mit ihren ubischen und römischen Ursprüngen.

DAS ÄLTESTE DORF KÖLNS

Bereits in der Jungsteinzeit bauten Kölner auf dem Gebiet zwischen Stüttgenhof und Hohenlind ihre ersten Häuser. Nahezu 100 davon fand man, als das später sogenannte Lindenthaler Dorf 1929 bei Ausgrabungen entdeckt wurde. Über einige Generationen siedelten hier 3500 Jahre vor Christus und dem Auftauchen der Römer in Köln Menschen. Der Ort war ideal, stieg die Rheinebene hier doch einige Meter an, sodass der Boden nicht mehr sumpfig und unzugänglich, sondern im Gegenteil extrem fruchtbar war. Dennoch mussten die Menschen damals das Dorf regelmäßig verlassen. Zu intensiv betrieben sie bereits Landwirtschaft. So lassen sich gleich mehrere unterbrochene Siedlungsperioden für das Lindenthaler Dorf feststellen.

> **Tipp**
>
> Gleich gegenüber des Stüttgenhofs befindet sich eine liebevoll restaurierte alte **WEGKAPELLE,** die auf jeden Fall einen Besuch lohnt.

Mit Hilfe von Lehmbrocken und Pfostenlöchern gelang es, diese ersten Kölner Häuser ziemlich genau zu rekonstruieren. Sie waren rechteckig angelegt, zwischen 5 und 7 Meter breit und bis zu 35 Meter lang. Die Häuser waren stets nach Nordwesten ausgerichtet, die Schmalseite diente als Wetterseite, womit die Häuser weniger witterungsanfällig waren. Wie auch in späteren Jahrhunderten lebten Mensch und Tier unter einem Dach.

VOR ÜBER 5000 JAHREN WAR LINDENTHAL BEREITS BESIEDELT.

Heute spazieren sie eher gemeinsam über das bald 6.000 Jahre alte Dorf hinweg. Seitdem das Gelände dem Grüngürtel der Stadt zugeschlagen wurde, ist es beliebtes Ausflugsziel gerade dann, wenn man einen Hund auszuführen hat. Sollte der Hund jedoch einen Knochen finden, sollte man ihn vielleicht direkt ins Römisch-Germanische Museum bringen.

UNIVERSITÄT ZU KÖLN /// ALBERTUS-MAGNUS-PLATZ /// 50923 KÖLN ///
02 21 / 47 00 /// WWW.UNI-KOELN.DE ///

Albertus Magnus gilt als Wegbereiter der Kölner Universitätsgründung von 1388, manchen gar als Gründer dieser viertältesten deutschen Hochschule. Die Universität beruft sich bis heute gerne auf ihn. Nicht ganz zu recht, schließlich war der große Gelehrte bereits über hundert Jahre tot, als der Kölner Rat beschloss, dass die Stadt eine Universität brauchte.

DER GROSSE GELEHRTE

Das allerdings war schon unüblich genug. Normalerweise ging die Initiative zur Gründung einer Hochschule vom Kaiser aus. Dennoch erhielt Köln 1388 von Papst Urban VI. die Erlaubnis zur Gründung ihrer Universität. Und es war auch die Stadt, nicht der Kaiser, die für die Kosten des Lehrbetriebs aufkam.

Doch was hatte der bedeutendste Gelehrte Kölns mit der Hochschule zu tun? Nachdem Albertus bereits als junger Mönch seine Novizenzeit am Dominikanerkloster in der Stolkgasse verbracht hatte, kehrte er 1248 in die Stadt zurück, um das neu gegründete Studium generale seines Ordens zu leiten. Unter ihm entwickelte diese Klosterschule einen ersten hervorragenden Ruf, der sich in ganz Europa verbreitete und Studenten aus allen Teilen des Kontinents in die Domstadt lockte.

So sehr Albertus in der kirchlichen und christlichen Tradition seiner Zeit stand, galt sein Interesse doch ebenso den griechischen Philosophen, allen voran Aristoteles und der jüdisch-arabischen Philosophie. Mit diesem Studium öffnete Albertus dem mittelalterlichen Europa eine völlig neue Weltsicht. Dass er dafür von seinen Zeitgenossen hohe Anerkennung erwarb, sagt einiges über das angeblich finstere Mittelalter – oder über unsere eigenen Vorurteile.

> **Tipp**
>
> Unweit der Universitätsgebäude führt der Rautenstrauch-Joest-Kanal als grüne Allee vom Aachener Weiher hinaus in den Kölner **STADTWALD**.

100 Jahre später ging seine Klosterschule in der Universität auf, die 1795 von den Franzosen geschlossen wurde. Erst 1919 gelang es der Stadt den Staat Preußen zu überzeugen, in Köln wieder eine Hochschule zuzulassen. 1934 zog diese in das heutige Hauptgebäude der Universität, das in fünf Jahren Bauzeit entstand – mitten im Grüngürtel der Stadt.

HIER WOHNTE
DR. LOUISE
STRAUS-ERNST
JG. 1893
DEPORTIERT 1944
TOD IN
AUSCHWITZ

EHEMALIGE WOHNUNG STRAUS-ERNST /// EMMASTRASSE 27 /// 50937 KÖLN ///
NS-DOKUMENTATIONSZENTRUM EL-DE-HAUS /// APPELLHOFPLATZ ///
50667 KÖLN /// 02 21 / 22 12 63 32 /// WWW.MUSEENKOELN.DE/NS-DOK/ ///

Ihre Wohnung in der Sülzer Emmastraße war Treffpunkt für Theaterleute,
Künstler, Schauspieler und Schriftsteller. Bert Brecht und Kurt Weill trafen
sich hier ebenso wie der Fotograf August Sander, der Louise Straus-Ernst
gemeinsam mit ihrem Sohn Jimmy 1928
für seine große Sammlung ›Menschen
des 20. Jahrhunderts‹ porträtierte. 1933
jedoch musste ›Lou‹ Köln verlassen.

MIT DEM VORLETZTEN ZUG NACH AUSCHWITZ

Hinter der Bohemian-Fassade steckte harte Arbeit. Gegen den Willen
ihrer beiden Familien heiratete die Tochter eines Hutfabrikanten 1918 den
Maler Max Ernst und wurde in den Folgejahren Teil der Kunstbewegung
des DADA in Köln. Nach der Trennung von ihrem Mann brachte sie sich,
ihren Sohn und sein Kindermädchen mit Akkordarbeit, als Buchhalterin
und Sekretärin durch. Nur langsam gelang es der studierten Kunsthistori-
kerin, die sich selber meist nur Lou
nannte, als Publizistin Fuß zu fas-
sen. 1933 floh Straus-Ernst vor den
Nazis nach Paris. Hier begegnete
sie Max wieder und musste erneut
um ihr Überleben kämpfen. Nach
der Besetzung Frankreichs verließ
sie die französische Metropole, aber blieb, anders als Mann und Sohn, die
in die USA emigrierten, im Land. Am 30. Juni 1944 deportierten sie die
Nazis mit dem vorletzten Zug, der Paris in Richtung Auschwitz verließ.
Danach verliert sich ihre Spur.

> **Tipp**
>
> Ein Denkmal für den Wider-
> stand gegen die Nazis steht in der
> Ehrenfelder Schönsteinstraße. Es
> erinnert an die **EDELWEISSPIRATEN**,
> die hier 1944 ermordet wurden.

　　Vor ihrem ehemaligen Wohnhaus erinnert ein Stolperstein des Kölner
Künstlers Gunter Demnig an Louise Straus-Ernst. Mit seinen Stolper-
steinen will Demnig die Erinnerung an die Schicksale der von den Nazis
Verfolgten erinnern und ihnen ›ihre Namen zurückgeben‹. Louise Straus-
Ernst gehörte zu den populäreren Opfern, ihr Sohn ein mittlerweile in
den USA angesehener Künstler. Mehrere Hundert weitere Stolpersteine
erinnern aber auch an die anderen, weniger bekannten Verfolgten.

　　Auch das EL-DE-Haus am Appellhofplatz erinnert an die Verbrechen
der Nazi-Zeit. Hier, im ehemaligen Gestapo-Hauptquartier, befindet sich
das NS-Dokumenationszentrum der Stadt mit Ausstellungen und der
Gedenkstätte ›Gestapo-Gefängnis‹ im Keller des Hauses.

GEISSBOCKHEIM /// FRANZ-KREMER-ALLE 1 /// 50937 KÖLN ///
02 21 / 43 35 36 /// WWW.GEISSBOCKHEIM-FCKOELN.DE ///
RHEINENERGIESTADION /// AACHENER STRASSE 999 /// 50933 KÖLN ///
02 21 / 71 61 61 50 ///WWW.KOELNERSPORTSTAETTEN.DE ///

»Wollt Ihr mit mir Deutscher Meister werden?« Die Frage war gewagt, aber durchaus ernst gemeint. Während Köln noch zu großen Teilen in Trümmern lag und von einem Wirtschaftswunder nichts zu erahnen war, träumte Franz Kremer von sportlichen Erfolgen. Vierzehn Jahre dauerte es, bis der Sohn eines Lokomotivführers und Inhaber einer Werbeartikelfirma sein Versprechen wahr machen konnte.

REAL MADRID DES WESTENS

Im Februar 1948 saßen die Mitglieder der Kölner Vorortvereine Sülz 09 und Klettenberger BC gemeinsam in der Gaststätte Roggendorf auf der Luxemburger Straße, der Grenze beider Viertel, und hörten KBC-Präsident Kremer zu, wie er mit dieser Frage um die Zustimmung zu einer Fusion beider Vereine warb. Die Vision überzeugte und aus dem Zusammenschluss entstand der 1. FC Köln.

Im Übrigen damals weder der erste noch der beste Kölner Fußballverein. Doch Kremers Methoden zündeten und 1962 war der Verein am Ziel. Gegen den 1. FC Nürnberg gewann er das Endspiel um die deutsche Meisterschaft, zwei Jahre später wiederholte er diesen Erfolg in der neu gegründeten Bundesliga.

> **Tipp**
>
> Die Spielstätte des 1. FC Köln kann ebenfalls besichtigt werden. An einigen Abenden im Herbst ist sogar eine Führung unter **FLUTLICHT** möglich.

Um professionellere Bedingungen im Fußball – damals noch Amateursport – zu schaffen, plante Kremer den Bau eines eigenen Clubheims. 1953 wurde das Clubhaus inmitten des Kölner Grüngürtels errichtet und ist seitdem Heimat des 1. FC Köln. Malerisch am Rande des Decksteiner Weihers gelegen, mit einem hübschen Blick von der Terrasse der angeschlossenen Gastronomie und der Gelegenheit, die Profis des Vereins beim täglichen Training zu beobachten, ist das Geißbockheim, benannt nach dem Maskottchen des Vereins, ein echter Kölner Publikumsmagnet. Dabei spielen die aktuellen Leistungen und der Tabellenstand keinerlei Rolle, die ansonsten Fans und Medien in der Stadt umtreiben. Und wer selber sportliche Leistung bringen will, kann das Clubhaus als Ausgangspunkt für eine Laufrunde um den Decksteiner Weiher nutzen (und am anderen Ende im ›Haus am See‹ Rast machen oder Minigolf spielen).

SÜLZ /// 50937 KÖLN ///

Je nach Augenzeuge war die Streitmacht zwischen 13.000 und 20.000 Mann stark. Sie bewegte sich auf Köln zu. An ihrer Spitze stand ein Mann, der seinen Beinamen nicht ohne Grund trug. Karl der Kühne war Herzog von Burgund und stetig bemüht, seinen Machtbereich auszudehnen. Denn sein Herzogtum verteilte sich quer durch Mitteleuropa und Karl strebte danach, seine Ländereien miteinander zu verbinden.

KARL DER KÜHNE IM ANMARSCH

Zwar galt Karl auch durchaus als schöngeistiger, der höfischen Kultur zugewandter Herrscher, aber im Kampf schreckte er weder vor großen Namen noch blutigen Gräueltaten zurück. Mit dem französischen König befand er sich quasi in einer Dauerfehde, ließ Aufstände in Lüttich blutig niedergeschlagen und richtete bei der Eroberung des normannischen Rouen ein Blutbad an.

Das **CAFÉ GOETZ** in der Sülzburgstraße bietet zwar kaum mehr als drei Tische, aber dafür exzellente Kuchen und Pralinen.

Kein Wunder, dass die Kölner nervös wurden, als die Nachricht vom anrückenden Burgunderführer sie erreichte. Per Ratsbeschluss entschieden sie 1474, alle Gebäude auf mehrere Meilen vor der Stadtmauer niederzureißen. Darunter befanden sich nicht nur kleinere Bauernhäuser, sondern auch der zum Stift Sankt Pantaleon gehörende Fronhof Sulpece im heutigen Sülz südwestlich der Stadt und die nahe gelegene, dem heiligen Nikolaus geweihte Kapelle an der Straße entlang der alten römischen Wasserleitung, der heutigen Berrenrather Straße.

FREIE SCHUSSBAHN FÜR DIE KÖLSCHE ARTILLERIE

Wer immer sich der Stadt näherte, musste sich bewusst sein, dass er gut sichtbar im Schussfeld der Kölner Artillerie herumwanderte. Wie so oft in Köln erwies sich aber auch diesmal der Abriss der Gebäude als voreilig. Karl griff nicht Köln an, sondern wandte sich nordwärts und belagerte Neuss, die wichtigste Festung des Erzstifts.

Etwas weiter südwestlich der Nikolauskapelle entstand 1487 der neue Hof Sulpece, der mit dem später entstandenen Weißhaus an der Luxemburger Straße eine Wirtschaftseinheit bildete. An diese Villa Nova erinnert heute noch die Neuenhöfer Allee, die ehemalige Zufahrt vom Krieler Dömchen zum Hof.

DIE NEUSTADT

DIE RINGE /// THEODOR-HEUSS-RING /// 50668 KÖLN ///
UBIERRING /// 50678 KÖLN ///

Ende des 19. Jahrhunderts galten die Kölner Ringe als einer der schönsten Straßenzüge der Welt. Stadtbaumeister Josef Stübben verwirklichte diesen sechs Kilometer langen Prachtboulevard von 1881 an als Herzstück der Neustadt. Dabei dachte er nicht an eine lange, gleichförmige Straße, sondern ›eine Kette festlicher Räume‹, die die Altstadt umschloss und mit den neuen Stadtvierteln verband.

PARIS WAR VORBILD

So variiert die Breite der Ringstraße zwischen 32 und 130 Metern, repräsentative Plätze unterteilen die unterschiedlichen, nach deutschen Herrscherhäusern benannten Abschnitte, die als Ganzes die Kölner Altstadt in einem Halbkreis entlang der ehemaligen Stadtmauer umschließt.

Vorbild war vor allem Paris, die Mutterstadt des Boulevards, aber auch die Heimat des spitzen Winkels und der sternförmig von Plätzen weglaufenden Straßen – eines der typischen Merkmale der Kölner Neustadt, wenn man etwa über die Zülpicher Straße oder Lindenstraße in die Stadt fährt und sich hinter den Eisenbahnbrücken gleich drei Straßen in die Stadt hinein öffnen.

Spätestens mit seinen Kölner Plänen erwarb sich Stübben einen hervorragenden Ruf in ganz Europa und zählt bis heute zu den Wegbereitern moderner Stadtplanung. Insgesamt 17 Jahre arbeitete der 1845 als erstes von zehn Kindern eines Holzhändlers in Hülchrath geborene Stübben in Köln. Seine Planungen für die Neustadt verknüpften Pariser Eleganz mit den Vorzügen der Gartenstadtbewegung. An manchen Straßen trennten Vorgärten die Villen von der Straße. Gleich mehrere Grünanlagen wie den Rathenauplatz und den Stadtgarten bezog er in seine Planungen mit ein. Auch wenn Krieg und Wiederaufbau die ursprüngliche Pracht der Ringe und der Neustadt vernichtet haben, vermitteln sie bis heute städtische Vielfalt vom Trubel der Südstadt über die Designerszene im Belgischen Viertel bis hin zu den Versicherungszentralen am nördlichen Kaiser-Wilhelm-Ring und den alten Villen am Rheinufer.

> **Tipp**
>
> Anders als üblich sind die Kirchen in der Kölner Neustadt **NICHT NACH OSTEN** ausgerichtet, sondern auf das Stadtzentrum und den Dom.

AGNESVIERTEL /// NEUSSER STRASSE /// 50670 KÖLN ///

Ein bemerkenswertes Foto aus dem späten 19. Jahrhundert zeigt die Agneskirche mitten in Kappesfeldern. Doch schon bald entstand um sie herum ein elegantes Wohnviertel, das heute zu den begehrtesten Lagen der Stadt zählt. Wer durch das malerische, von Altbauten und Alleen geprägte Viertel schlendert, vermag sich kaum vorzustellen, dass von hier aus einer der gefürchtetsten Miethaie sein Imperium gelenkt hat.

DER ›SLUMLORD FROM COLOGNE‹

Geschätzte 100.000 Wohnungen besaß Günter Kaußen in Deutschland, aber auch in den USA. Auf den Geschmack kam er, als er 1959 sein erstes Zweifamilienhaus erbte. Sein Geschäftsprinzip war so simpel wie gnadenlos. Der Spiegel beschrieb es 1984 so: ›Billige Altbauten in meist schlechten Gegenden kaufen, hoch beleihen und die Kredite mit drastisch hochgeschraubten Mieten bezahlen‹. Von Mieterschutz konnte damals noch keine Rede sein. Dass Kaußens Methoden ihn forcierten, ist da nur gerechte Ironie. Gesteu-

> **Tipp**
>
> Einer der wenigen erhaltenen Repräsentationsbauten Kölns ist das **OBERLANDESGERICHT**. Das schöne Treppenhaus diente bereits als Opern- und Filmkulisse.

ert wurde das Immobilienimperium im Herzen des Agnesviertels, von der Neusser Straße 30–32 aus, einem schmucken Bau nahe der Kirche, die dem Veedel seinen Namen gab, als es im Rahmen der Stadterweiterung in den 1880er-Jahren auf alten Kappesfeldern der Kölner Bauern entstand. Wie Kaußen verdienten sich damals auch die Bauern eine goldene Nase an ihrem Grundbesitz und bauten sich an den Ringen stattliche Villen. Anders als damals nahm Kaußens Geschichte allerdings kein gutes Ende.

Am 15. April 1985 wird der extrem öffentlichkeits- und fotoscheue Millionär tot in seiner Nippeser Wohnung aufgefunden, einem Penthouse mit Blick über die Stadt. Er hatte sich umgebracht. Zuvor war das Imperium des nicht nur skrupellosen, sondern auch als äußerst exzentrisch beschriebenen Kunstliebhabers ins Wanken geraten. In den USA drohten ihm wegen seiner Methoden mehrere Klagen. Vor allem aber hatte Kaußen sich verspekuliert und finanziell übernommen. Da waren die Kappesbauern klüger.

EIN FOTOSCHEUER EXZENTRIKER

›KWARTIER LATENG‹ /// 50674 KÖLN ///

Der Name Kwartier Lateng ist eine Verballhornung des Pariser Quartier Latin. Im Grunde erklärt dieser Name schon fast alles, was man über dieses Viertel wissen muss. Die Gegend rund um Zülpicher Straße und Rathenauplatz gilt als das Studentenviertel der Stadt. Anders jedoch als dem Pariser Vorbild fehlt dem Kölner Kwartier etwas nicht ganz Unwesentliches: Universitätseinrichtungen.

VOLLSPERRUNG AUF DER ZÜLPICHER STRASSE

Tatsächlich ist das Viertel, das sich kaum eindeutig begrenzen lässt und streng genommen kein Stadtviertel ist und nie eins war, in erster Linie ein Ausgehviertel. Vor allem an Karneval und zu Fußballgroßereignissen verwandelt sich die Zülpicher Straße zwischen Roonstraße und Bahndamm in eine einzige große Partymeile. Wer versucht, mit Verkehrsmitteln irgendwelcher Art hinaus nach Sülz oder hinein in die Stadt zu kommen, ist zum Scheitern verurteilt. Seit einigen Jahren bemüht sich die Kölner Polizei nicht einmal mehr, die Straße freizubekommen. Sie sperrt sie einfach ab.

> **Tipp**
>
> Zwischen Imbissen hält sich seit fast 20 Jahren das Michelin-Stern-geschmückte Restaurant ›LA SOCIÉTÉ‹.

Allerdings lohnt auch zu ruhigen Zeiten (das heißt, wenn es hell ist) ein Spaziergang durchs Viertel. So heruntergekommen das Kwartier an vielen Stellen wirkt und so brachial sich manche Nachkriegsbebauung zwischen die alten Gebäude zwängt – es ist nicht ohne Reiz.

Rund um Rathenauplatz und Roonstraße stehen bis heute einige repräsentative Gründerzeithäuser. Die Interessengemeinschaft der Anwohner betreibt in Eigenregie auf dem Platz einen der schönsten Biergärten der Stadt. Hier am Rathenauplatz steht auch Kölns große Synagoge.

EIN VIERTEL VOLLER KONTRASTE, DIE MAN ALLZU SCHNELL ÜBERSIEHT

Zwischen Rathenauplatz und Zülpicher Straße schlendert man durch die kleine, oft liebevoll restaurierte Altbebauung geprägte Heinsbergstraße. Über die Hochstadenstraße gelangt man schließlich auf die Luxemburger Straße, wo das Blue Shell den Eindruck vermittelt, die Zeit wäre irgendwann um 1980 einfach stehen geblieben.

Ursprünglich sollte der Volksgarten an einer anderen Stelle errichtet werden. Aber die Verhandlungen mit den Grundstücksbesitzern gestalteten sich schwierig und führten nicht zu dem von Stadtbaumeister Stübben erwünschten Ergebnis. Doch ein Park sollte her! So wie die nördliche Neustadt den Stadtgarten besaß, sollten auch die südlich der Aachener Straße gelegenen Stadtviertel eine grüne Lunge erhalten.

DEM HERRN COMMERZIENRATH SEI DANK

Die Basis der neuen und größten Parkanlage in der Neustadt waren ehemalige Freiflächen rund um die alten preußischen Forts des Inneren Festungsringes, aber es brauchte schließlich das Engagement eines Einzelnen, um den Volksgarten Wirklichkeit werden zu lassen.

Auf eigene Rechnung erwarb der Stadtverordnete und Commerzienrath Wilhelm Kaesen Grundstücke rund um das Fort IV, sodass zusammen mit einigen nachträglich erworbenen Parzellen ein gut 19 Hektar großes Grundstück entstand. Kaesen bot der Stadt seine Grundstücke für einen festen Preis an und erklärte sich zudem bereit, eine Spende für die Ausgestaltung des Parks zu leisten. Zwischen 1888 und 1890 entstand der Volksgarten mit scheinbar zufällig angelegten, aber sorgsam geplanten Grünflächen, dem Weiher mit seiner Fontäne, einem Biergarten und der Orangerie rund um einige erhaltene, alte Festungsreste.

Wer versucht, einen freien Platz auf den Wiesen in der Mitte des Parks zu ergattern, könnte meinen, dass sich die gesamte Südstadt hier trifft. Ob das im Sinne des Commerzienraths gewesen ist? Man weiß es nicht. An Kaesen erinnert auch nur

> Nahe am Volksgarten, in der Kleingedankstraße 6, residiert das Theater ›Der Keller‹, freies Theater und **SCHAUSPIELSCHULE** in einem.

Tipp

noch eine kleine Büste, die die Stadt ihm bereits 1890 kurz nach seinem Tod widmete. Rund um den Volksgarten entstand eine – oftmals vom Jugendstil geprägte – repräsentative Wohnbebauung. Wem der Volksgarten zu volksnah ist, der bevorzugt den schickeren Italiener nördlich des Parks am Eifelplatz (dessen Kreisverkehr der ein oder andere Cabriofahrer ebenfalls für repräsentative Zwecke nutzt).

EHEMALIGE KÖLNER WERKSCHULEN /// UBIERRING 35 /// 50678 KÖLN ///

Sie ist die begehrteste Trophäe im deutschen Sport: die Meisterschale des DFB und sie stammt (»Natürlich!«, wird der Kölner sagen) aus Köln. 1949 gab DFB-Präsident Peco Bauwens sie als Ersatz für die verloren gegangene Victoria, die bis in die Kriegsjahre als Meistertrophäe diente, bei den Kölner Werkschulen in Auftrag. Geschaffen wurde sie dort von einer der renommiertesten Goldschmiedinnen.

SALATSCHÜSSEL AUS FRAUENHAND

Damals waren die Werkschulen eine der ersten Adressen in der handwerklich orientierten Kunstausbildung, heute sind sie – wie so vieles in Köln – nur noch ein Mythos. In den zwanziger Jahren als städtische Kunsthochschule gegründet und von den Ideen des Werkbundes geprägt, genoss die Schule über die Jahre einen herausragenden Ruf, bis sie 1971 in die Fachhochschule Köln eingegliedert wurde.

Es mag erstaunen, dass eine künstlerisch so ambitionierte Adresse mit dem damals eher raubeinigen Fußball zusammenkam, noch erstaunlicher ist es, dass die Meisterschale (wie auch wenige Jahre später der DFB-Pokal) von einer Frau entworfen und mit ihren Studierenden verwirklicht wurde. Elisabeth Treskow verdankt der deutsche Fußball seine despektierlich genannte ›Salatschüssel‹. Treskow war Professorin für Goldschmiedekunst, vor der Meisterschale machte sich die 1898 in Bochum Geborene in Köln einen Namen durch die provisorische Restaurierung des Dreikönigsschreins, dem sie sich später in den 1960er-Jahren nach ihrer Konvertierung zum katholischen Glauben erneut widmete.

> Einen großen Teil ihrer Sammlung, Aufzeichnungen und Schmuckstücke übergab Treskow dem Kölner **MUSEUM FÜR ANGEWANDTE KUNST.**

Tipp

Vor dem Krieg war sie eine der ersten Frauen, die das Goldschmiedehandwerk überhaupt ausüben konnten. Neben ihrer handwerklichen Ausbildung studierte sie Malerei, heute zählt sie zu den bedeutendsten Schmuckdesignerinnen des 20. Jahrhunderts. Neben der Meisterschale entwarf sie auch die Amtskette des Kölner Oberbürgermeisters und bei einem Ausflug ins Produktdesign ein gleich mehrfach preisgekröntes 36-teiliges Besteck. In Fachkreisen erwarb sie sich Ruhm, weil sie ein über 2000 Jahre altes etruskisches Verfahren zur Granulation wiederentdeckte und anwandte.

HEINRICH BÖLLS GEBURTSHAUS /// TEUTOBURGER STRASSE 26 ///
50678 KÖLN ///

Kaum ein Schriftsteller wird so mit Köln in Verbindung gebracht wie Nobelpreisträger Heinrich Böll. Dabei ist er kein Schriftsteller der Stadt, wie etwa James Joyce für Dublin. Sein Verhältnis zu Köln war durchaus zwiespältig. Emotionale Verbundenheit verspürte er vor allem zu der düsteren, alten, im Krieg zerstörten Stadt, das moderne, dem Autoverkehr unterworfene Köln blieb ihm fremd.

›DIE STADT / IN FREUDLOSER SONNE / VERÖDET‹

So fällt es auch schwer, diesem Heinrich Böll einen Platz in dieser Stadt zuzuweisen. Die romanischen Kirchen Kölns wären denkbar, zu denen er den russische Dissidenten Lew Kopelew förmlich schleppte, um ihm Köln näherzubringen. Der Platz am Museum Ludwig, den die Stadt nach ihrem Ehrenbürger benannt hat, böte sich an, um das schwierige Verhältnis zwischen Böll und Köln zu erläutern. Die Nord-Süd-Fahrt oder Unter Krahnenbäumen symbolisieren das Köln, in dem sich Böll nicht mehr wiederfand. Die zahlreichen Wohnungen des Dichters von der Kreuznacher Straße in Raderthal bis zur Hülchrather Straße im Agnesviertel rücken den privaten Böll (sofern es diesen gab) in den Blickwinkel. Aber Heinrich Böll war wie viele Kölner nicht nur (hadernder) Sohn der Stadt, sondern auch Kind eines Viertels. Wählen wir also sein Geburtshaus, das wir in der Teutoburger Straße 26 in der Südstadt finden. Hier treffen mit Teutoburger, Alteburger und Darmstädter Straße gleich mehrere Straßen in

> **Tipp**
>
> Ein anderer bekannter Platz liegt eine Straße weiter an der Kreuzung zur Mainzer Straße, wegen seiner ovalen Form **EIERPLÄTZCHEN** genannt.

einem Kreisverkehr aufeinander. Es ist einer dieser typischen Plätze der Neustadt. Hier fand das Leben auf der Straße statt. Die Kinder spielten am Bordstein oder noch lieber in den nahen Parkanlagen des heutigen Römer- und Friedensparks. Die Leute saßen sommers auf Stühlen oder gar in ihren Wohnzimmersesseln auf dem Bürgersteig. Dieses Köln war es vor allem, das Böll in der Nachkriegszeit vermisste; vielleicht könnte es ihn trösten, wüsste er, dass zumindest der Park heute wieder als Spielplatz für die Kinder des Veedels dient.

Sofern hier nicht gelistet, stammen alle Bilder vom Autor.

17 Römisch-Germanisches Museum; 27 Hohe Domkirche zu Köln; 34 Wallraf-Richartz-Museum; 38/39 Duftmuseum im Farina-Haus; 49 Sankt Pantaleon; 50 Puppenspiele der Stadt Köln; 55 Jürgen Kessler, Deutsches Kabarett: Archiv + Museum; 57 Traditionshaus Glockengasse No. 4711; 60 Galerie Boisserée; 62 PJ Photography; 63 Stadtentwässerungsbetriebe Köln; 69 Sabine Voigt / de.fotolia.com; 70 Schokoladenmuseum; 71 Hans-Imhoff-Stiftung; 81 Stadtarchiv Landeshauptstadt Düsseldorf; 83 Foto: Charles E. Fraser, Museum Ludwig; 85 Prof. Dipl.-Ing. Maria Schwarz; 93 Sabine Voigt / de.fotolia.com; 100 KölnKongress GmbH; 101 International Institute of Social History in Amsterdam, Netherlands; 103 Galeria Kaufhof AG; 105 Max Ernst Museum Brühl des LVR, Stiftung Max Ernst; 107 Antonitercitykirche; 109 Kölner Karnevalsmuseum; 113 Atelier SAXA www.saxa.eu; 115 Traditionshaus Glockengasse No. 4711; 116 Millowitsch-Theater 127 Willy Horsch; 128 Sünner Brauerei; 141 Hans E. Lenz 1949 / Quelle WDR; 142/143 Kölner Zoo-Archiv; 144 Hans-W. Schreiner; 151 Hugo Schmölz; 153 Kaffeerösterei Schamong; 161 Wallraf-Richartz-Museum; 167 Max Ernst Museum Brühl des LVR, Stiftung Max Ernst; 169 1. FC Köln; 183 Foto: Gertrud Hesse, Museum für angewandte Kunst, Köln

Autor und Verlag haben alle Informationen mit größtmöglicher Sorgfalt geprüft. Gleichwohl sind Fehler nicht vollständig auszuschließen. Alle Angaben erfolgen ohne Gewähr. Bitte schreiben Sie uns! Über Ihre Rückmeldung zum Buch und über Verbesserungsvorschläge freuen sich Autor und Verlag: lieblingsplaetze@gmeiner-verlag.de

Lieblingsplätze entdecken

24 × 66 Orte, die einen Besuch wert sind

978-3-8392-1259-2

978-3-8392-1159-5

978-3-8392-1166-3

978-3-8392-1284-4

978-3-8392-1258-5

978-3-8392-1154-0

978-3-8392-1282-0

978-3-8392-1281-3

978-3-8392-1161-8

978-3-8392-1164-9

978-3-8392-1155-7

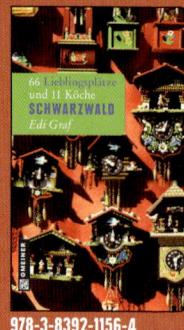
978-3-8392-1156-4

Kulturführer mit individuellen Tipps, die liebevoll ausgestattet
Lust aufs Verreisen und auf mehr machen.

978-3-8392-1253-0

978-3-8392-1283-7

978-3-8392-1255-4

978-3-8392-1170-0

978-3-8392-1254-7

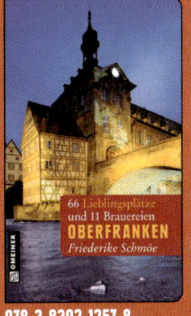

978-3-8392-1257-8

978-3-8392-1162-5

978-3-8392-1256-1

978-3-8392-1280-6

978-3-8392-1279-0

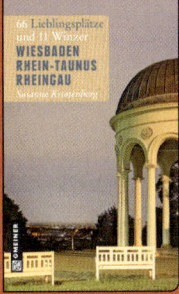

978-3-8392-1157-1

978-3-8392-1160-1

Essayistische Erzählungen und ganz persönliche Porträts,
die auch Einheimischen neue Blickwinkel ermöglichen.